岩戸開き　ときあかし⑤

日月神示の奥義【五十黙示録】

第五巻「極め之巻」全二十帖

内記正時［解説］
岡本天明［原著］

ヒカルランド

五十黙示録　第五巻

極《きわ》め之巻

（全二十帖）

昭和三十六年八月五日

岩戸開き　ときあかし❺

日月神示の奥義【五十黙示録】第五巻「極め之巻」（全二十帖）　目次

五十黙示録　第五巻「極《きわ》め之巻」（全二十帖）

カバーデザイン　櫻井　浩（⑥Design）
本文仮名書体　文麗仮名（キャップス）

第一帖

宇都志《うつし》水に天津《あまつ》水添え奉《たてまつ》らむを。
夕陽《ゆうひ》より朝日照るまで太祝詞《ふとのりと》せむ。
火結神《ほむすび》の陰焼《みほと》かへて岩戸とざしき。

世界を一つにするのであるから王は一人でよいぞ、動きは二つ三つとなるのぢゃ、キはキの動きミはミの動き、動いて和してキミと動くのぢゃ。三が道ぞと知らしてあろう、自他の境界つくるでないぞ、自《おの》ずから自他の別と和が生まれてお互いに折り重なって栄えるのぢゃ、世界一家への歩み方、やり方間違えるでないぞ。九分九厘まで進まねば後の一厘はわからん、今が九分九厘であるぞ、日本は日本、世界は世界、日本は世界のカタ国、自ずから相違あるぞ。

〈考察〉

本帖から第五巻「極《きわ》め之巻」に入るが、冒頭には三首の片歌《かたうた》が登場している。これまでにも多くの片歌が降ろされているが、第五巻に入っても続いていることには驚かされる。

既に書いて来たことだが、岡本天明は片歌をこよなく愛し、「すめら歌社」という同人組織まで作って幅広い活動をしていたことから、神の天明に対する思いやりや労《ねぎら》いの意味が込められていると思われる。

三首の片歌に続いて本文が述べられているが、片歌と本文の内容は別々であるから、片歌と本文は切り離して考えてよく、片歌そのものの考察には踏み込まないこととする。

なお、私が底本としている『[完訳]㊉日月神示』の記述スタイルは、片歌と本文を区別することなく連続して書かれているが、五十黙示録の考察を目的とする本書では、分かり易さを追求する観点から敢えて書き分けている。今後もこのようにするので承知されたい。

では本文の考察に入るが、本帖は幾つものテーマがランダムに降ろされているので、個々のテーマ毎に考察する。

●世界の王はただ一人の霊的中心者である

初めの「**世界を一つにするのであるから王は一人でよいぞ**」とは、「ミロクの世」の王は「てんし様」ただお一人であるということである。ただし「王」と言っても、それは権力者ではなく、「霊的中心者」としての王であることを忘れないで頂きたい。

同様に「ミロクの世」は今のようなピラミッド型社会ではなく、神文字「◉」で表現される丸い（円環型の）社会となることも押さえておいて頂きたい。

●動きは二つ三つとなり、三が道である

次に「**動きは二つ三つとなるのぢゃ、キはキの動きミはミの動き、動いて和してキミと動くのぢゃ。三が道ぞと知らしてあろう**」であるが、これについては「キ」が「ヽ」、「ミ」が「〇」であることを理解していれば、解くのは容易である。

つまり、次の図式によって説明出来るのである。

「ヽ」＋「〇」＝「◉」

「キ（ヽ）とミ（〇）が動いて和してキミ（☉）と動くのぢゃ」とは、このことを表しているのである。「二つ」とは「キ（ヽ）」と「ミ（〇）」のことであり、三つとは両者が結ばれた「キミ（☉）」を加えたものである。「三が道」とはこの意であって、二つのままでは神仕組は成就せず、両者が動いて和して（結んで）「三」となるから、「三が道」なのである。

●自他の別があるから和が生まれる

次に「**自他の境界つくるでないぞ、自《おの》ずから自他の別と和が生まれてお互いに折り重なって栄えるのぢゃ**」について考えて見ると、ここでは「自他」について述べているが、「自他」とは「境界をつくる」ことによって成るものではなく、「自《おの》ずから自他の別と和が生まれる」のだと教えていることが大きな特徴である。

自分と他人は完全に別人であるから、そこには否定しようもない明確な違いがあって当たり前であると、このように認識することが「自他の境界をつくる」ということであろう。自分は自分、他人は他人とハッキリ分けることである。

今の我々にとっては、この考え方が当然の道理となっているが、これは前述の「三が道ぞ」に合致するものではない。あくまで「自他」をハッキリ分けないと気が済まない「体主霊従、我れ善し」の捉え方なのだ。

これに対して、「自《おの》ずから自他の別と和が生まれる」のが、来るべき「ミロクの世」である。「ミロクの世」は「身魂磨き」が深化して「霊主体従」に立ち返った人民のみが住める世界であるから、自分と他人を差別する意識は皆無であり、「自他同一」の価値観に満ちている。

自分と他人がそれぞれ異なる個性を持つ「別」の存在であることは認めるが、それによって「自他の境界」をつくるのではなく、正反対に「和」することが至極当然の世となるのである。「違い」があるから和す（結ぶ）ことが出来るというのが神理である。

●「一厘の仕組」は「悪の御用」が九分九厘まで進んだ後に発動する

次は「**世界一家への歩み方、やり方間違えるでないぞ。九分九厘まで進まねば後の一厘はわからん、今が九分九厘であるぞ**」について見て行こう。「世界一家」とは前述した王（＝霊的中心者）たる「てんし様」が統治される「ミロクの世」を指しているが、神はそこへの「歩み方、やり方を間違えるでないぞ」と戒めている。

ではこの「世界一家への歩み方、やり方」がどのようなものかと言えば、包括的に見れば神仕組のプロセスや筋書きの全体を意味することになるが、その中でも重大なキーを握っているのがいわゆる「**悪の御用**」である。

本帖では特に「九分九厘まで進まねば後の一厘はわからん」と指摘しているが、ここでいう「九分九厘まで進む」とは、「悪の御用」が完成するという意味である。具体的には、日本も世界も「悪の御用」が極まって混乱と混沌が渦巻く世の中になり、人々の心は廃《すた》れて「我れ善し」の権化《ごんげ》と化し、何もかも滅茶苦茶でお先真っ暗、未来の希望さえ見えない事態になるようなことが「九分九厘まで進む」ということであろう。

「一厘」とは、日月神示において最大の謎とされている「**一厘の仕組**」のことであるが、「後（あと）の一厘」とあるように「一厘の仕組」は最後の最後に発動する仕組であって、絶対に最初に発動するものではない。

要するに、日本と世界が「悪の御用」に堕ちてそれが極まった時（九分九厘まで進んだ時）に発動するのが「後の一厘」であり、「九分九厘」と「一厘」で「十（ミロクの世）」へと次元上昇する仕組みなのである。

「今が九分九厘であるぞ」の「今」とは、「極め之巻」が降ろされた昭和36年8月のことを指しているから、もうすぐ「今」が過ぎて「後の一厘」が発動し、「ミロクの世」が到来するのではないか？　と期待する者が出てもおかしくない。

しかし、そのような近視眼的な甘い期待や考え方は間違っている。「今が九分九厘」とは、昭和36年8月は既に「九分九厘」の時代に入っていることを意味しているのであって、それが直ぐに終わることまで示唆しているのではない。

太古（神話）の時代に「岩戸閉め」が発動し、何千年もの時を経てやっと「岩戸開き」の時節を迎え、それを告げる『日月神示』が降ろされたのであるが、このようにあまりにも長大な神仕組の中では、「九分九厘」の期間もそれ相応の長さが必要なことは言うまでもないことだ。

ここで「一厘の仕組」が登場したが、これについてはその全貌を簡単に説明出来るほど単純なものではない。何よりも「一厘の仕組」をキチンと理解するためには、神仕組の全体像とそのプロセスを把握していなければならず、いきなり「一厘の仕組」に飛びついても迷路に嵌《はま》るだけで、結局、訳が分からなくなって投げ出すのがオチである。

これまでに私が書いた「日月神示解説書」は共著を含め十数冊あるが、その中で「一厘の仕組」に焦点を当てて書いたものは一冊もない。その理由は今述べた通り、神仕組の全体像とそのプロセスを把握していなければ、「一厘の仕組」の真髄を理解出来るものではないからである。

一冊や二冊くらいの日月神示解説書を通読しただけでは、とてもそのレベルに達しないとの判断からこれまで見送って来たのであるが、最近になってやっと、私が長い時間をかけて日月神示の解説を行って来た情報媒体においてのみ公開した。その一つはインターネットを利用した有料メールマガジンであり、もう一つは中矢伸一氏が代表を務める「(有)東光社」の機関紙『玉響《たまゆら》』誌上においてである。

とは言っても、「一厘の仕組」の中身について何も説明しないのでは先に進むことが出来ないので、そのエキスに絞って簡単に述べておきたい。「一厘の仕組」について最も明確に、そして端的に述べているのは次の帖文であるから、まずはこれをご覧頂きたい。

、（キ）ばかりでもならぬ、〇（ミ）ばかりでもならぬ。⊙（ス）がまことの⊙（神）の元の国の姿ぞ。元の⊙（神）の国の臣民は⊙（ス）でありたが、、（キ）が神の国に残り、〇（ミ）が外国で栄えて、どちらも片輪となったのぞ。、（キ）もかたわ、〇（ミ）もかたわ、、（キ）と〇（ミ）合わせてまことの⊙（神）の世に致すぞ。今の戦は、（キ）と〇（ミ）との戦ぞ、⊙（神）の最後の仕組と申すのは、〇（ミ）に、（キ）入れることぞ。〇（ミ）も五ざ、、（キ）も五ぞ、どちらもこのままでは立ちて行かんのざ。一厘の仕組とは〇（ミ）に⊙（神）の国の、（キ）を入れることぞ、よく心にたたみておいてくれよ。

（第二巻「下つ巻」第二十一帖）

注：文中の「、、〇、⊙」にはカッコ内に「読み」を付しているが、これは著者の配慮によるものである（出典は『原典日月神示』）。

この帖文の最後に「**一厘の仕組とは〇（ミ）に〈〇ゝ〉（神）の国のゝ（キ）を入れることぞ、よく心にたたみておいてくれよ**」とあるが、これが「一厘の仕組」を最も明確にそして端的に述べているものである。

このことを図式化すると次のようになることは、容易に理解出来るだろう。

「〇」＋「丶」＝「☉」

正しくそうなのである。これは本帖の最初に出て来た「**動きは二つ三つとなるのぢゃ、キはキの動きミはミの動き、動いて和してキミと動くのぢゃ。三が道ぞと知らしてあろう**」を図式化したものと全く同じものである。つまり「一厘の仕組」とは「三が道ぞ」と同義である。

「キ（丶）」と「ミ（〇）」が和して（結ばれて）「☉」になることである。

「キ」と「ミ」が和す（結ばれる）ためには、「キはキの動き」をし、「ミはミの動き」をすることが大前提として必要であるが、それを動かすのが「悪の御用」なのであり、それが「九分九厘」まで行ったとき、遂に「後の一厘」と「和す（結ばれる）」というのが「一厘の仕組」のエキスである。

抽象的な説明にならざるを得なくて恐縮だが、少しはイメージが掴めたであろうか？

●日本は世界のカタ国で、自ずから外国とは異なる

最後の「**日本は日本、世界は世界、日本は世界のカタ国、自ずから相違あるぞ**」に移ろう。

ここでは神仕組における日本と世界の違いを述べている。神仕組において、日本と世界を同列に論じることは出来ないのである。その使命・役割が全く違うからだ。

本帖では「日本は世界のカタ国」と述べ、いわゆる「日本が世界の雛型《ひながた》」であることを示しているが、これと同様の意味を持つ帖文が他の巻にも降ろされているので次に挙げておこう。

日本の国は世界の雛型《ひながた》であるぞ、雛型でないところは真の⦿の国でないから、よほど気つけておりてくれよ、一時は敵となるのざから、ちっとも気許せんことぞ、⦿がとくに気つけておくぞ。今は日本の国となりても、⦿の元の国でないところもあるのざから、雛型見て、よく肚に入れておりて下されよ、後悔間に合わんぞ。

（第五巻「地つ巻」第十七帖）

新しき世はあけているぞ。世明ければ闇はなくなるぞ。新しきカタはこの中からぞ。日本からぞ。日本よくならねば世界はよくならん。

（第二十七巻「春の巻」第四十二帖）

日本は「神の国」であり、「てんし様」がおられる国であり、世界の「カタ（雛型）」である。それ故に「世界の霊的中心」なのであって、二つ目の帖に「**日本がよくならねば世界はよくならん**」とあるのは当然の道理である。

第二帖

青玉の水江の玉ゆいよよ栄えむ。
天地咲《ゑ》む神の礼白臣《いやしろおみ》の礼白《いやしろ》、
天《あま》つ神の寿言《よごと》のままに八十《やそ》岩開けぬ。

守護神をよく致せば肉体もよくなるぞ。神の道は一本道であるから、多くに見えても終わりは一つになるのぢや、今が終わりの一本道に入るところ、この道に入れば新しき代は目の前、神も今まではテンデンバラバラでありたなれど、今に一つにならねばならぬことに、天が命じているのであるぞ。人民の中と外も同様ぞ。今の人民はマコトが足らんから、マコトを申しても耳に入らんなれど、今度は神が人民にうつりて、また人民となりてマコトの花を咲かす仕組、同じことを百年も続けてクドウ申すと人民は申すなれど、わからんから申しているのであるぞ。

〈考察〉

冒頭に「片歌」三首が配されているのは、第一帖と同じ構成である。

本文は第一帖と同様、多様なテーマが盛り込まれているので、その区分毎見て行くことにする。

●守護神をよく致せば肉体もよくなる

本文最初の「**守護神をよく致せば肉体もよくなるぞ**」は、一見するとすごく打算的かつ現世御利益《ごりやく》的に感じられるかも知れない。まるでギブ・アンド・テイクのようにも思われるからだ。

しかし、日月神示がこんな程度の話でお茶を濁す訳がないし、そのように捉えてもならない。

この部分の真意は、「誰でも絶えず霊界とのつながりがある」ことを述べているのである。このことに気が付かなければ、前述の通り、打算的かつ現世御利益的な内容にしか見えないことになる。以前にも登場したが、人間と霊界の繋がりについては、第十七巻「地震の巻」第三帖に次のように示されているので確認しておこう。

地上人の内的背後には霊人があり、霊人の外的足場として、地上人が存在する。地上人のみの地上人は存在せず、霊人のみの霊人は呼吸しない。地上人は常に霊界により弥栄する。

（第十七巻「地震の巻」第三帖）

右のように、地上人と霊人は「**内的背後**」と「**外的足場**」の関係にあり、それぞれが勝手に独立して存在しているのではないことを知る必要がある。ここが胸落ちすれば、「内的背後である守護神をよく致す」ことにより、「守護神の外的足場である地上人」がよくなって、結果として人間の「肉体」にも好影響が出るという理解に落ち着くはずだ（ここでは狭い意味の「肉体」ではなく、広い意味でその者の「物質的環境」と捉えた方が適切であろう）。

「守護神をよく致す」ことの基本は、守護神の守護と導きに感謝の念を忘れないことであり、さらには守護神を意識して「日月神示」を拝読（音読）することであろう。

●神の道は多く見えても終わりは一つになる

次は「**神の一本道**」がテーマになっている。まず「**神の道は一本道であるから、多くに見えても終わりは一つになるのぢゃ**」であるが、この説き方は実に日月神示らしい説き方である。

謎掛けで言えば、「本当は一つなのに、沢山あるように見えるものな〜んだ？」のようになるであろうか？

「一本道」であるなら、鉄道のように始発から終点まで決まったレールの上を走ることになるはずだが、日月神示の一本道はこのようなものではなく、「多くに見えても終わりは一つになる」ものだと言うのである。正に「謎掛け」ではないか？

この謎を解くには、神文字「⦿」のことが分かっていなければならない。神文字は中心に「丶」があって、その周囲に「〇」があることに注目すれば謎は解けるのである。

お分かりだろうか？「神の一本道」とはその終点（終わり）が必ず「﹅」に行き着くことを意味しているのである。つまり「（道が）多くに見える」とは、「﹅」は中心にあるので、周囲の「〇」から「﹅」に行こうとすれば、３６０度全方向から行く道がある、ということである。「多く」というよりは「幾らでも」とか「無数に」と表現した方がよいくらいだ。

要するに「〇」のどこから出発しても、目的地はただ一点「﹅」である、ということであるが、このことを「宗教的」に捉えるならば、それは「万教帰一」すなわち全ての宗教は一つの根源に帰するということであり、或いは「万教同根」すなわち全ての宗教は同じ根源から派生しているということになる。

以上が「神の一本道」に関する説明であるが、続いて「**今が終わりの一本道に入るところ**」とあるのは、この帖が降ろされた昭和36年8月は、正に「神の一本道（万教帰一、万教同根）」へと回帰する時節に入ろうとしているという意味に捉えられる。つまり、世界中の宗教界に「﹅」へ回帰する動きが起こる時期になったということであろう。

●神の「目の前」は地上の何年、何十年

これに続いて「**この道に入れば新しき代は目の前**」とあるので、直ぐにでも「新しき代（＝ミロクの世）」が到来すると期待する者がいると思うが、早合点は禁物である。同じ「目の前」でも、神と人間とでは天と地ほどの差があることを肝に銘じて欲しい。神の「目の前」は、人間にとってはほぼ確実に何年、何十年を要することになるからだ。

第一帖に登場した「**今が九分九厘ぞ**」を思い出して頂きたい。「今が九分九厘」なら、最後の「一厘」が直ぐにでも発動して、待ちに待った「ミロクの世」が到来すると考えるのは虫が良すぎると述べたことと同様、直ぐにでも「神の一本道」の終点に至ると考えることも近視眼的に過ぎるのである。

根本的なことを忘れて「後の一厘の発動」とか「新しき代は目の前」だけを期待しては絶対にならない。

今「根本的なことを忘れて……」と述べたが、「根本的なこと」とは「人民にとっての根本的なこと」であり、それは言うまでもなく「身魂磨き（メグリ取り）」のことである。「ミロク

の世」に行くための必須条件は、人民の「身魂」の状態がそのことに適《かな》うだけ深化することなのだから。

「目の前」の期間を長くするも短くするも、人民の「身魂磨き」次第だということである。

●神もバラバラ、人民の中と外もバラバラ

続いて「**神も今まではテンデンバラバラでありたなれど、今に一つにならねばならぬことに、天が命じているのであるぞ。人民の中と外も同様ぞ**」に移ろう。

「神もテンデンバラバラ」とか「人民の中と外も同様ぞ」とあるが、この部分だけを幾ら目を皿のようにして読んでも、神意に至れるものではない。何とか分かるのは、「神も人民も本来の状態ではない」ということくらいだろう。

この部分は「**岩戸閉め**」の神意を理解していなければ決して分かるものではない。

何故「神たるもの」が「テンデンバラバラ」になったのか？　と言えば、それは「最初の岩戸閉め」である「男性原理と女性原理の分離」に端を発し、「第二の岩戸閉め」である「神々の悪神への変質」を経て、「第三の岩戸閉め」である「悪神による神界の統一」へと突き進ん

だからである。

要するに、元々正神（善神）であったものが、三度に及ぶ「岩戸閉め」によって、大部分の神が悪神になったからこそ「テンデンバラバラ」なのである。悪神の性来は人間と同様「体主霊従」に他ならないからである（ちなみにこの後、「地上世界の日本」で二度の「岩戸閉め」が生起して臣民も「テンデンバラバラ」になって行くのである。「岩戸閉め」は合計五度起こっている）。

「臣民の中と外も同様ぞ」とある部分では、「中と外」の意味が重要である。これは既に述べた神文字「⦿」の意義を理解していなければ解けないものだ。つまり「中」とは「ヽ」のことであり、「外」とは「〇」を意味する。「霊主体従」の人民であれば「中」と「外」はチャンと結ばれているが、「体主霊従」の性来であれば「テンデンバラバラ」になるのは神と同じである。

人民がこのようになったのは、「第四の岩戸閉め」である「悪神による神国日本の支配」が原因であり、「最後の岩戸閉め」である「神国日本の暗黒化」によって完成している。

「今に一つにならねばならぬ」とは、「テンデンバラバラ」であった「中（ヽ）」と「外（〇）」が一つに結ばれて「霊主体従（㋨）」に返らなければならぬ、ということである。このことは神にも人にも言えることである。それ故に「三千世界の岩戸開き」なのだから。

●今度は神が人民にうつってマコトの花を咲かせる

「今の人民はマコトが足らんから、マコトを申しても耳に入らんなれど、今度は神が人民にうつりて、また人民となりてマコトの花を咲かす仕組」は、「テンデンバラバラ」であった人民に焦点を当てて説いているものだ。

「マコトが足らん」とあるが、マコトには「口、心、行」の三つが揃わなければならず、これら「三つのマコト」を具備しているのが「ミコト（命）」であると神示は説いている（第一巻「上つ巻」第一帖）。

よって「マコトが足らん」とは「口、心、行」がバラバラであって一致していないことを指している。つまり「ミコト（命）でない者」は、「体主霊従の者」と同義なのである。

このような人民に、神がマコトのことを言っても聞く耳を持つ者が少ないため、今度は「神が人民にうつりてマコトの花を咲かせる」とか、「神が人民に生まれてマコトの花を咲かす」と仰《おっしゃ》っているが、この部分だけ見ると、神が何らかの強制力を振るうように思われるかも知れない。

確かに、本来ならば神が憑かったり人民に生まれることなどせずに、気長に人民の覚醒を待っていても良さそうな気がするのであるが、今度ばかりはそうはいかない神仕組が進んでいることを思い出して欲しい。

此度の「岩戸開き」は三千世界全体の次元上昇が仕組まれており、後にも先にもない空前絶後の大仕組なのであるから、神であってものんびりと人民一人ひとりの覚醒を待っている場合ではないのである。このことを想起すれば、合点がいくのではないだろうか？　日月神示の「基本十二巻」には「**神急《せ》けるぞ**」という表現が頻出しているが、それはこのような「岩戸開き」の大仕組が背後にあるからに他ならない。

ただここで忘れてならないのは、神が一方的に神力を振るうのではなく、「神が人民にうつりて……」とか「神が人民に生まれて……」と示されているように、「神」と「人民」が共に働くということである。

この場合、「神」が「主」であり、「人民」が「従」であることは言うまでもない。

最後の帖文「**同じことを百年も続けてクドウ申すと人民は申すなれど、わからんから申しているのであるぞ**」は説明の必要がないだろう。そのものズバリである。

ことほど左様に、人民は近視眼的であり、刹那《せつな》的であり、現世御利益的なのである。

第三帖

我《わ》が身を捨てて、三千世界に生きて下されよ、我が身を捨てると申すことは我《が》を捨てること、学を捨てることぢゃ、捨てると真理が摑《つか》めて大層な御用が出来るのであるぞ、それぞれの言葉はあれどミコトは一つぢゃと申してあろうが、ミコトに生きて下されよ。言葉の裏には虫がついているぞ、英語学ぶと英語の虫に、支那語学ぶと支那語の虫に犯されがちぢゃ。わからねばならんし、なかなかながら御苦労して下されよ。大難を小難にすることは出来るのであるが無くすることは出来ん。不足申すと不足の虫が湧《わ》くぞ、怒ると怒りの虫ぞ。一生懸命、自分を信じるように、神を小さくして自分で割り切れるように、引きずり降ろして居るなれど、困ったもんぢゃ、長くゆったりとした気持ちで神を求めて下されよ。

〈考察〉
本帖のテーマは「**我**《が》」と「**虫**」に集約されるので、まずは「我《が》」から見て行こう。

● **「我を捨てる」とは「身魂磨き」に精進すること**

まず「**我**《わ》**が身を捨てて、三千世界に生きて下されよ、我が身を捨てると申すことは我**《が》**を捨てること、学を捨てることぢゃ、捨てると真理が摑**《つか》**めて大層な御用が出来るのであるぞ**」と示されている部分であるが、ここでは「我《が》と学を捨てると真理が摑める」が肝《きも》である。

この中で「学」とは人間がこれまで築き上げて来た「科学技術文明」の総体のことであるから、その本質は「物質文明」ということが出来る。その「学を捨てる」とは、物質性に偏重したモノの見方や考え方を離れて、霊的次元にまで拡大した視点を持てという意味に捉えてよいであろう。ここまでは常識的に理解出来るところだ。

では「我《が》を捨てる」とはどういうことだろうか？　これは簡単なようで、実は物凄く奥が深い問題である。多くの者は「我《が》を張らずに素直になる」程度の理解と認識に落ち着くであろうが、それだけでは全く不十分なのである。

日月神示が説く「我《が》」は「真我《しんが》」と「自我《じが》」の二つを含む言葉であり、真我は「ヽ」、自我は「◯」に対応している。「体主霊従」とは、「自我（◯）」が「真我（ヽ）」に優越している状態であって、ほぼ全ての人民はこの状態に落ちているのが実情である。また「霊主体従」はその反対で、「真我（ヽ）」が「自我（◯）」に優越している状態のことであって、この状態に戻ることが「身魂磨き」の最終目標である。

区分して述べれば以上のようになるが、実は日月神示で「我《が》」という場合は、ほとんど全ての場合において「自我」のことを指している。つまり表現上は「我＝自我」のことと考えて差し支えない。本帖においても同様である。

よって「我を捨てる」とは「自我を捨てる」ことであるから、これはつまり「体主霊従」から「(真我が優越する）霊主体従」の状態に戻ることを意味しているのである。「霊主体従」になれば、「真理が摑《つか》めて大層な御用が出来る」のは当然の道理である。

では「霊主体従」になるにはどうすればよいか？　ということになるが、それは言うまでもなく「身魂磨き」に精進努力すること、これに尽きる。つまり「我を捨てる」とは、畢竟《ひっきょう》、「身魂を磨く」ことに他ならないことがお分かりになるだろう。

●ミコトの言葉には「虫」がつかない

次は「虫」についてである。まず「**それぞれの言葉はあれどミコトは一つぢゃと申してあろうが、ミコトに生きて下されよ。言葉の裏には虫がついているぞ、英語学ぶと英語の虫に、支那語学ぶと支那語の虫に犯されがちぢゃ**」について考えて見たい。

この部分を正しく理解するには「虫がつく」の意味を知らなければならない。

辞書を引くと「虫がつく」には「衣類や書画などに害虫がつく」こと、これから転じて「未婚の女性に（良からぬ）愛人ができる」のような意味がある。要するに良い意味や状態を表すものではない。

ここから類推して「言葉の裏には虫がついている」とは、人民が発する言葉の裏には「言葉の意味とは違う良からぬ意志や感情がある」といった意味になるだろう。端的に申せば「面《めん》従《じゅう》腹背《ふくはい》」のようなことで、口では「はい」と言うものの、その実、腹の中は「不満や不服が一杯」の状態だと理解すればよい。

このようなことは日本語だけではなく、どんな外国語でも同じであり、本帖ではこのことを「英語学ぶと英語の虫に、支那語学ぶと支那語の虫に犯されがちぢゃ」と説いているのだ。

では、どうしてこのようなことが起きるのだろうか？

その答えは既に登場している。つまり人民が「体主霊従」の性来に堕ちているため、「自我(〇)」が「真我（、）」に優越し、結果として人民の「口、心、行」の三つが一致していないからである。

「口、心、行」の三つのマコトを具備したものを「ミコト（命）」と呼ぶことは既に述べたが、人民が「ミコト」になっていないため、どの国の言葉であってもその裏には「虫がつく」ことになってしまう、と神は説いているのである。

「それぞれの言葉はあれどミコトは一つぢゃ」とは、地球上にあるどんな言語による言葉であっても、それを発する者が「ミコト」であれば「虫」などつかず、「マコト（、）」に帰結するという意味であろう。

文章ではこのように説明出来るが、実行することは簡単なことではない。「**わからねばならんし、なかなかながら御苦労して下されよ**」とあるのは、神からのエールであろうか？

●不足の虫、怒りの虫、神を小さくして引きずり降ろす虫

次に、「**大難を小難にすることは出来るのであるが無くすることは出来ん。不足申すと不足の虫が湧くぞ、怒ると怒りの虫ぞ。一生懸命、自分を信じるように、神を小さくして自分で割り切れるように、引きずり降ろして居るなれど、困ったもんぢゃ**」とあるのは、「虫がつく」ことの具体的な例示である。

ここでは「不足の虫」、「怒りの虫」、「神を小さくして引きずり降ろす虫」の三つが例示されている。

「大難を小難にすることは出来るのであるが無くすることは出来ん」とあるのは、神仕組における絶対的な真理である。人間にとっては「大難」よりは「小難」が、「小難」よりは「無難」

がよいに決まっているが、神は「無難（＝無くすること）は出来ん」と仰っていることを肝に銘じて頂きたい。

それでは嫌だ、無難がよいから無難にしてくれ、のように不足を申すのが「不足の虫」であり、それは無理だと言われて怒れば「怒りの虫」ということになる。

また「神を小さくして引きずり降ろす虫」とは、神について自分が信じられる（理解出来る）イメージで固めることであろうが、それは「神を（人間に近い）矮小な存在」として認識することに過ぎず、到底、神の本質に至るものではない。このことを「神を小さくして引きずり降ろす虫」と表現しているのである。

このようなことは、神の目にも「困ったもんぢゃ」と映っているようである。

最後の「**長くゆったりとした気持ちで神を求めて下されよ**」とは、これらに対する戒めであろう。

第四帖

大空に向かって腹の底から大きく呼吸してゴモクを吐き出し、大空を腹一杯吸い込んで下されよ。そなたの神を一応捨てて心の洗濯を致してくれよ、神示《ふで》が肚に入ったら捨てて下されと申してあろうがな、神を信じつつ迷信に落ちて御座るぞ。日本がヒの本の国、艮《うしとら》のかための国、◉《ヒ》出づる国、国常立大神がウシトラの扉を開けて出づる国ということがわかりて来んと、今度の岩戸開きはわからんぞ、こんなことを申せば、今の偉い人々は、古くさい迷信ぢゃと鼻にもかけないなれど、国常立尊がウシトラからお出ましになることが岩戸開きぞ、今の学ではわからんことばかり。善と悪とに、自分が勝手に分けて、善をやろうと申すのが、今の世界のあり方。天の王、地の王のこと、、のことがハッキリ分からねば足場がないではないか。足場も、目当てもなくてメクラメッポウに歩んだとて目的には行きつけぬ道理。

〈考察〉

●**補巻「月光の巻」にもある「そなた」との共通項**

本帖の二行目に「**そなたの神を一応捨てて……**」とあるが、「そなた」とは単人称であるから、ここは明らかに特定の「個人」に宛てたものであることが窺《うかが》える。と言っても、本帖がその特定個人だけにしか適用出来ないというものではなく、他の多くの人民にとっても十分当てはまることは疑問の余地がないから、「そなた」とは人民の代表者という意味も含んでいると考えてよい。

ではその特定個人とは誰か？　ということになるが、これは勿論、「岡本天明」に他ならない。日月神示の中で、神が「そなた」と呼び掛けている巻の代表格は、補巻「月光の巻」である。「月光の巻」は全六十二帖から成るが、その中には何と100回近くも「そなた」という代名詞が登場している。勿論、「月光の巻」の「そなた」も岡本天明のことである。

●そなたの神を一応捨てよ

さて冒頭に「**大空に向かって腹の底から大きく呼吸してゴモクを吐き出し、大空を腹一杯吸い込んで下されよ。そなたの神を一応捨てて心の洗濯を致してくれよ（中略）神を信じつつ迷信に落ちて御座るぞ**」とあることに注目して頂きたい。

これは神が天明に対して、「（そなたの神を一応捨てて）心の洗濯をせよ」と促したものであるが、実はこれとほとんど同じ内容が前述の「月光の巻」にも降ろされているので、紹介しておこう。

そなたは一度神を捨てよ。神にしがみついているから、小さい囚われた、ゆとりのない神を、そなたがつくり上げているぞ。信ずれば信ずるほど危いぞ。大空に向かって大きく呼吸し、今までの神を捨てて心の洗濯をせよ。神を信じつつ迷信に落ちていると申してあること、よく心得よ。

（補巻「月光の巻」第五十一帖）

このように天明は本帖と「月光の巻」第五十一帖の両方で同じことを指摘され、指導されていることが分かる。

右の神示で言われている「**小さい囚われた、ゆとりのない神**」とは、天明の「神の捉え方（＝神観）」を指したものではあるが、同じことは広く一般の人民にも当てはまるものであろう。要するに天明をはじめとして、誰もが神を矮小化して見ているという指摘である。

読者の「あなた」はどうだろうか？


「**神示《ふで》が肚に入ったら捨てて下されと申してあろうがな**」も天明に宛てたものだと思われるが、これは我々にもよい教訓を与えてくれるものだ。「捨てて下され」とは「その解釈や理解の仕方にいつまでも固執するな」ということであり、「忘れてしまえ」と言うことではない。

「**この神示も身魂により、どんなにでも取れるように書いておくから、取り違いせんようにしてくれ**」（第一巻「上つ巻」第二十七帖）と示されているように、神理の深さには限りがないのであって、ある段階の理解でストップしてしまわないためにも重要な心構えなのである。

●日本はヒノ本の国、艮《うしとら》のかための国

次に「**日本がヒの本の国、艮《うしとら》のかための国、⦿《ヒ》出づる国、国常立大神がウシトラの扉を開

けて出づる国ということがわかりて来んと、今度の岩戸開きはわからんぞ」は、国祖様である「国常立大神」と「艮《うしとら》」の関係を述べたものである。

国常立大神の別名を「**艮金神**《うしとらのこんじん》」と申し上げるが、この理由は国祖様が悪神によって追放された方角が鬼門《きもん》とされる「艮《うしとら》」であったからだ。

このことは大本の出口王仁三郎によって明かされていることだが、その辺の事情をインターネット百科事典「Wikipedia」によって確認しておこう。「国之常立神」を重要視し、日本の歴史に大きな影響を与えたのが新宗教「大本」なのである。

1892年（明治25年）2月3日、京都府綾部在住の無名の老婆出口直《なお》は「艮の金神」と恐れられる祟り神の神懸かり現象を起こした。古神道や伯家神道の知識を持つ出口王仁三郎は直に懸かった神を「国之常立神（国常立尊）」と判断。国祖である国常立尊はその統治に不満を持った神々により鬼門の方角に封印されたが、現在になり復活の時が近づいているという終末論を主張した。直と王仁三郎の教団大本は大正〜昭和初期にかけ発展を遂げ、宮中関係者や陸海軍将校が多数参加する一大宗教勢力となった。

この文中に「**鬼門の方角に封印された**」とあるが、この「鬼門」が「艮《うしとら》」のことであり、実際の方角では「東北」を指している。このように「艮」という鬼門に封印された国常立大神が「ウシトラの扉を開けて出づる」ことは当然であり、その出づる国が「⦿《ヒ》出づる国」であり、「艮《うしとら》のかための国」であり、すなわち「ヒの本の国・日本」なのである。

ここに、日本が「神国」と呼ばれる根本的な理由があることは明白である。その日本に国祖様が出現されることが「岩戸開き」でなくて何であろうか？

ちなみに前述の文章で、出口直《なお》に「艮金神」が懸かったのは「1892年（明治25年）2月3日」とあるが、この日はいうまでもなく「**節分**」である。つまり、国祖様が地上世界の日本に出現（復活）された日が「節分」であるが、実は国祖様が追放された日も同じ「節分」であったとされている。

このことから「節分」は国祖様と切っても切り離せない縁があり、最も重要な「因縁の時節」なのである。第二十七巻「春の巻」第三帖に「**節分の祝詞**」が降ろされ、節分に「太祝詞《ふとのりと》せよ」との神命が下《くだ》されているのもこれ故《ゆえ》である。

これに関連して指摘しておくべきは、西暦2011年の「3・11東日本大震災（福島第一原発事故を含む）」である。国難とも言うべき未曽有《みぞう》の大災害をもたらした大地震の震源地は、宮城県金華山沖の海底、すなわち日本の東北「艮《うしとら》」であった。また地震と原発による被害が集中したのも岩手、宮城、福島の東北三県であった。

この大地震による被害は物質的には確かに甚大であったが、反面それまで眠りこけていた日本人の魂に最大限のショックを与え、一瞬にして霊的覚醒をもたらしたことも事実であったはずだ。つまり日本人全体の「身魂磨き」を一挙に深化させたという意味では、巨大な逆説に満ちた神仕組と見ることが出来るということである。

この意味で、私には「3・11東日本大震災」が「**国常立大神がウシトラの扉を開けて出づる国**」とダブって見えるのだが、読者はどう思われるだろうか？

●学にしがみつく偉い人にはわからんことばかり

次に「**こんなことを申せば、今の偉い人々は、古くさい迷信ぢゃと鼻にもかけないなれど、国常立尊がウシトラからお出ましになることが岩戸開きぞ、今の学ではわからんことばかり**」

とあるのは、「今の学」を絶対視してそれにしがみつき、神示を「古くさい迷信」だと切り捨てる「偉い人」に対する警告といったものであろう。

ここで言う「偉い人」とは「学」との関連で述べられているから、具体的には学者や専門家、学識者などいわゆる「頭のよい人」たちのことであろう。確かに「今の学」で「国常立尊がウシトラからお出ましになることが岩戸開き」であることなど分かるはずもない。

●今の世界は「善」と「悪」を勝手に分けている

「**善と悪とに、自分が勝手に分けて、善をやろうと申すのが、今の世界のあり方**」とあるのは、地上世界が「善悪二元論」の愚《ぐ》に染まっていることを指摘したものである。

日月神示が説く「善」と「悪」の真髄は、「善」も「悪」もそれぞれが独立した存在ではなく、コインの裏と表のような関係であって、神仕組を進展させるための働き、すなわち「御用」であるということだ。このことを日月神示は「**善の御用**」、「**悪の御用**」と表現しているのである（また「**御用の善**」、「**御用の悪**」という言い方もある。これは「善、悪」と「御用」のどちらを主格にするかの違いであって本質は変わらない）。

そして「善（の御用）」と「悪（の御用）」はペアを構成しており、相互に裏と表の関係になっているから、両者を切り離すことは原理的に不可能であることを知らなければならない。「善悪不離」、「善悪不二」、「善悪一如」、或いは「善悪一体」などの言葉はこの神理を表したものである。

これに対して「善悪二元論」は、善は善、悪は悪とそれぞれ別々に独立して存在するとの前提に立っているから、「悪」を排除すれば「善」だけが残って世の中は平和になるという考え方になってしまうのである。

人類の歴史はこの「善悪二元論」に支配されて来たが、それによって世界が平和になった例が何処にあるというのだろうか？　今に至るまで、戦争や紛争、争いばかりの歴史であったではないか。

「善」と「悪」に関しては、他の巻（帖）にも大事な内容が降ろされているので、代表的なものを一例挙げておこう。少し長い帖文であるがじっくりと読んで頂きたい。

今日《こんにち》までの御教《みおし》えは、悪を殺せば善ばかり、輝く御世《みよ》が来るという、これが悪魔の御教えぞ、この御教えに人民は、すっかりだまされ悪殺す、ことが正しきことなりと、信ぜしことの愚かさよ、三千年の昔から、幾千万の人々が、悪を殺して人類の、平和を求め願いしも、それははかなき水の泡、悪殺しても殺しても、焼いても煮てもしゃぶっても、悪はますます増えるのみ、悪ころすてふ《ちょう》そのことが、悪そのものと知らざるや、⦿《かみ》の心は弥栄ぞ、本来悪も善もなし、ただ御光《みひかり》の栄ゆのみ、八股大蛇《やまたのおろち》も金毛《きんもう》も、邪鬼《じゃき》も皆それ生ける⦿、⦿の光の生みしもの、悪抱《いだ》きませ善も抱き、あなう所に御力《みちから》の、輝く時ぞ来たるなり、善いさかえば悪なるぞ、善悪不二《ふじ》と言いながら、悪と善とを区別して、導く教えぞ悪なるぞ、ただ御光のその中に、喜び迎え善もなく、悪もあらざる天国ぞ、皆一筋の大神の、働きなるぞ悪はなし、世界一家の大業《たいぎょう》は、地の上《うえ》ばかりでなどかなる、三千世界大和《だいわ》して、ただ御光に生きよかし、生まれ赤児《あかご》となりなりて、光の⦿の説き給う、（マコトの道を進めかし、）マコトの道に弥栄《やさか》ませ。

（第二十三巻「海の巻」第五帖）

●霊的な足場がなければ目的には行けぬ

そして最後の帖文「**天の王、地の王のこと、ゝのことがハッキリ分からねば足場がないではないか。足場も、目当てもなくてメクラメッポウに歩んだとて目的には行きつけぬ道理**」であるが、これは本帖で述べている「矮小化した神」、「国祖様とウシトラの関係」、「学への囚われ」、「善悪二元論の轍《わだち》」など、人民が陥って来た誤りの原因を指摘したものである。

その原因とは、要するに「足場がない」ことに尽きる。拠《よ》って立つべき霊的な足場がないため、「目当て」も分からず「メクラメッポウに歩んでしまう」ことになるのだ。これで正しい目的地へ辿り着ける道理などあろうはずがない。

ではその「足場」とは何であろうか？　これについては「天の王、地の王のこと、ゝのことがハッキリ分からねば足場がない」と示されている。ここで「天の王」とは「世の元の大神」様、また「地の王」は「国祖様（国常立大神）」であると捉えられる。

この「王のこと」がハッキリ分かることが「足場」になるのであるから、具体的には「世の元の大神」様と「国祖様（国常立大神）」が成されようとしている「神仕組」の全体像を指していると考えられる。つまり「神仕組」の全体像をキチンと理解していることが「足場」となるということであろう。

もう一つの「ヽのこと」とは、一般的には「世の元の大神」様の「キ（ヽ）」またはそれに連なる「直系霊統」のことを指していると考えられるが、ここでは人民が忘れ去っている「真我（ヽ）」のことだと捉えた方がスッキリするように思われる。勿論、「真我」も「世の元の大神」様の「キ（ヽ）」に繋がるものである。

私は第三帖において、日月神示が説く「我《が》」には「真我《しんが》」と「自我《じが》」の二つがあり、「真我」は「ヽ」に、「自我」は「〇」に対応していることを説明した。「体主霊従」とは「自我（〇）」が「真我（ヽ）」に優越している状態であって、ほぼ全ての人民はこの状態に落ちているのが実態である。

また「霊主体従」はその正反対で、「真我（ヽ）」が「自我（〇）」に優越している状態のことであるが、この状態に返ることが「身魂磨き」の目標であることも説いた。

このように捉えれば、「足場」とは「世の元の大神様と国祖様が仕組まれている巨大な神仕組の全体像を理解した上で、臣民自らは身魂を磨き真我（ヽ）を復活させる」ことだと言えるであろう。

このように「足場」とはあくまで「霊的な足場」のことであり、人間の「学」や「智」或いは「常識」などによるものでないことに注意しなければならない。

第五帖

つまらぬことに心を残すのは、つまらぬ霊界との縁《えにし》が残っていることぞ。早う岩戸を開いて富み栄えて下されよ、人民富み栄えることは、神が富み栄えることぞ。何事も祓い清めて下されよ、清めるとは和すことぞ、違うもの同士和すのがマコトの和であるぞ。8までと9、10とは性が違うのぞ。

〈考察〉

●「月光の巻」との共通項──つまらん霊界との交流

本帖の大部分は、霊的な指導に関する一般的事項を説いているように見える。事実、多くの人民に適合する内容ではあるが、実は第四帖に書かれていた「そなた……」と同じように、これは岡本天明に宛てたものと見ることも出来るのである。

私が何故このようなことを言うのか？　と言えば、本帖とほとんど同じ内容が補巻「月光の巻」に降ろされているからである。「月光の巻」とは既に述べたように、神が岡本天明に与えた個人的な神示なのである。論より証拠、その帖文をご覧頂こう。

そなたはつまらんことにいつも心を残すからつまらんことが出て来るのであるぞ。心を残すということは、霊界とのつながりがあることぞ。つまらん霊界にいつまでくっついているのぢや。何ごとも清めて下されよ。清めるとは和すことであるぞ。同じもの同士では和ではない。違ったものが和することによって新しきものを生むのであるぞ。

（補巻「月光の巻」第五十二帖）

この神示には「**そなたは……**」とあるから、これは明らかに岡本天明に宛てたものであるが、ここで述べられている内容の大部分は本帖とほとんど同じであることは疑いようがない。「月光の巻」のこの帖が降ろされたのは昭和34年であり、本帖を含む「極《きわ》め之巻」が降ろされたのは2年後の昭和36年である。

つまり天明は「月光の巻」で「**つまらん霊界にいつまでくっついているのぢゃ**」と指摘されていたのであるが、その2年後にも「**つまらぬ霊界との縁《えにし》が残っている**」との指摘を受けていたことになるのだ。

このことは、霊媒体質であり霊界との交信を多く実践して来た天明ならではの「メグリ」と言えるだろう。「つまらぬ霊界」と示されているから、彼が交信していたのはほとんどが「幽界」に住む「低級霊」や「動物霊」であったことは間違いない。天明に限らずオカルトや心霊現象が大好きな者は、天明と同じような傾向があると思われるので、よくよく注意する必要がある。

●岩戸を開くためには身魂を磨くしかない

本帖では「**早う岩戸を開いて富み栄えて下されよ**」と「岩戸開き」に言及しているが、ではここでいう「岩戸開き」とはどのような意味であろうか？

言うまでもなく「岩戸開き」は日月神示が教示している神仕組の中でも最重要なものであるが、漠然と神示を読んでいるだけでは、「岩戸が開けばミロクの世になる」のようにこれも漠然としたイメージで捉えることしか出来ない。

「岩戸開き」をキチンと説明するには、一つの章を書かなければならないほどの質とボリュームがあるのだが、それを知らないまま、本帖のように「早う岩戸を開いて……」という記述に出会っても、神意の核心に至れるものではない。

何度も述べているが、「五十黙示録」のように抽象度が高く難解な神示に挑戦するには、特に日月神示全体の核心となる「基本十二巻」をよく理解していなければならないのである。

さて肝心の「岩戸開き」であるが、「岩戸開き」は一つではなく多くのものがある。「世界の岩戸開き」、「国（や民族）の岩戸開き」、「家の岩戸開き」、そして「個人の岩戸開き」という具合である。個から全体まで多くの岩戸開きがあると考えなければならない。

そもそも「岩戸開き」とは、かつて「岩戸が閉められた」からこそ起こるものである。「岩戸閉め」は合計五度も発生し、これによって神の国日本に神の光が全く射し込まなくなり、世界全体が悪神の支配する世になってしまったのである。従ってその範囲は、個人から世界の隅々まで隈なく拡散しているのは当然である。

本帖で述べている「岩戸開き」は、文意全体からして明らかに「（岡本天明を含む）個人」を対象としたものであることはお分かりだろう。

では「岩戸開き」とは具体的に何のことか？ と言えば、それは「岩戸閉め」によって射し込まなくなった「神の光」を取り戻すことである。

ではその為にどうすればよいのか？ という話になると、それは日月神示がくどいほど述べている「身魂磨き」に精進することである。一言で言えばこれが全てなのであるが、日月神示はその時々の文脈の中で、別の表現によっても降ろしている。例えば「メグリ取り」、「改心」、「洗濯」、「掃除」、「借銭返し」、「雑巾がけ」などであるが、本帖ではもう一点「**祓い（清め）**」

という言葉を使っている。「祓い（清め）」もまた「身魂磨き」と同義なのである。

●祓い清めとは違うもの同士が和すこと

本帖では「祓い」について「**何事も祓い清めて下されよ、清めるとは和すことぞ、違うもの同士和すのがマコトの和であるぞ**」のように説いているが、これは我々一般人がイメージする「祓い」とは全く異なるものである。

一般人がイメージする「祓い」と言えば、神社に詣でて正式参拝をする際、神職が「大麻《おおぬさ》」と呼ばれる神祭具《しんさいぐ》を持ち、参拝者の頭上を左《さ》〜右《う》〜左《さ》と祓う動作のことであろう。しかしこれは気休めにはなるが、これによって本当に心身の穢れが取り去られるものではない。

日月神示が教示する「祓い」を詳しく説明しようとすれば、これもまた一つの章を要するほど密度が濃いものである。しかも「祓い」にはその前提となる「**穢《けが》れ**」が必ず付いて回るが、この「穢れ」を説明しようとすればさらに別の章が必要になるのである。

とは言え、そんな紙幅はとても無いので、ここでは「祓い」の真髄を端的に述べている神示を2例挙げておく程度に留める。しっかり読んで頂きたい。

祓《はら》いは結構であるが、厄《やく》祓いのみでは結構とはならんぞ。それはちょうど、悪を無くすれば善のみの地上天国が来ると思って、悪を無くすることに努力した結果が、今日の大混乱を来《きた》したのと同じであるぞ。

よく考えて下されよ。善と申すも悪と言うも、皆悉《ことごと》く大神の肚《はら》の中であるぞ。大神が許し給えばこそ存在しているのであるぞ。この道理よく会得《えとく》せよ。

祓うと申すのは無くすることではないぞ。調和することぞ。和して弥栄することぞ。

（補巻「月光の巻」第二十七帖）

厄も祓わねばならんが、福も祓わねばならん。福はらいせよと申してあらうが。厄のみでは祓いにならん。福のみでも祓いにならんぞ。厄祓いのみしたから今日の乱れた世相となったのぢや。このわかり切った道理が何故にわからんのか。悪を抱き参らせよ。善も抱き参らせよ。抱くには◯にならねばならんぞ。

（補巻「月光の巻」第二十八帖）

前者の帖で**「厄祓いのみでは結構とならん」**と示されているように、神が教える真の「祓い」は我々がイメージしていることとは根本的に異なるものである。我々人間は「善悪二元論」を信じ込み、**「悪を無くすれば善のみの地上天国が来る」**と思っていたのであるが、その結果が**「今日の大混乱を来した」**と指摘されていることは重要である。

「祓う」ことは「無くする」ことではなく、**「調和すること、和して弥栄すること」**と説かれているのは、正に至言である。

次に後者の帖では**「厄祓いと福祓いの両方をせよ」**とある。これは人間にとっては非常識もいいところで、矛盾と逆説そのものであるが、日月神示に示された矛盾と逆説（のように見えること）には、例外なく深遠な神理・密意が秘められていることはこれまでも見て来ている。

前者の帖文に「祓うとは調和すること、和して弥栄すること」とあることから、「厄祓い、福祓い」の真義は、「悪とも善とも調和せよ。両方を和して弥栄せよ」ということであり、詰まる所**「善も悪も共に抱き参らせよ」**ということに他ならないのである。

お分かりだろうか？　真の「祓い」とは「善も悪も共に抱き参らせる」ことである。本帖では**「違うもの同士和すのがマコトの和であるぞ」**と表現されているが、「善」と「悪」はそれこそ180度完全に違うから、この二者が「和す」ことほど強力な「マコトの和」はないということになる。

本帖の最後には、唐突に「**8までと9、10とは性が違うのぞ**」とあるが、この部分は文意的に「祓い」とは明らかに異なっている。神はこの短い一文に何の意味を持たせているのだろうか？

手掛かりは「8まで」と「9」それに「10」は、それぞれ「性が違う」ということだが、私は次のように解釈している。

・「8まで」とは「1〜8」までの範囲であるから、これは「八方世界」のこと。つまりこの地上世界を意味している。

・「9」は「苦難」でありまた「括り」を表していると考えられるから、「8まで」の地上世界が括られて、例外なく「立て替えの大峠」という苦難に直面することを意味している。

・「10」は桁が一つ上がった「十方世界」、すなわち「ミロクの世」を意味している。

このように解釈すれば、「8まで」の地上世界は「9」で括られ、「立て替えの大峠」の苦難に直面し、それをクリアすれば一桁上がった「10」の世界、つまり「ミロクの世」が到来する、という一連の流れになる。

「性が違う」とはこのような意味ではないだろうか？

第六帖

和すには5と5でなくてはならんが、陽が中、陰が外であるぞ、天が主で地が従ぞ、男が上、女が下、これが正しき和ぞ、逆様《さかさま》ならん、これが公平と申すものぢゃ、陰と陰と、陽と陽と和しても陰ぢゃ、陽と陰と和して初めて新しき陽が生まれる、陽が本質的なもの、この和し方が祓い清め。

〈考察〉

●「陽」と「陰」が和して初めて「新しき陽」が生まれる

前帖（第五帖）で「**清めるとは和すことぞ、違うもの同士和すのがマコトの和であるぞ**」という一節があったが、本帖はその続きのような内容になっている。いわゆる「和し方」について、より深く教示しているのである。

「和し方」の原則は「**和すには5と5でなくてはならん**」と示されているから、どちらも同等でその重要性に差や軽重はないということが分かる。「4と6」とか「3と7」のようにアンバランスな和し方は正しい和し方ではないということだ。

しかしその一方で、「(和すには5と5でなくてはならんが) **陽が中、陰が外であるぞ、天が主で地が従ぞ、男が上、女が下、これが正しき和ぞ**」とも示されている。これは神仕組上極めて重要なポイントである。

ここで「中と外」、「主と従」そして「上と下」という相対関係が登場しているが、これは和すモノ同士は5と5で同等であるが、その関係性（「位」のこと、後述）は全く異なるということを示しているのである。

「陽」と「陰」が和す場合において、「陽が中」で「陰が外」でなければならないとされている理由は、陽は「丶」、陰は「〇」で表されることから、この二つが和すと神文字「☉」になるからである。これが正しい和し方であることは直観的にも分かるはずだ。この逆は絶対にあり得ない。

同様に「天」と「地」が和する時は「天が主」であり、「地が従」となるのが正しい和し方であるし、「男」と「女」であれば「男が上」で「女は下」ということになる。ここで注意すべきは、「男」と「女」は霊的な意味で「男性原理」と「女性原理」を意味しているということであり、「肉体人」としての「男」と「女」のことではない。肉体人としての男と女は同等（つまり「5と5」）である。

本帖ではこのように書き分けているが、基本は神文字「☉」に帰結することを忘れないで頂きたい。つまり次のような関係性になるのである。

「ヽ」＋「〇」＝「☉」

ここで「ヽ」＝陽、天、男性原理＝中、主、上

「〇」＝陰、地、女性原理＝外、従、下

「これが正しき和ぞ、逆様《さかさま》ならん、これが公平と申すものぢゃ」については、そのものズバリであるから特段の解説は不要であろう。

では「正しき和」が成就したならば、何がどうなるのだろうか？ 本帖はこれについて明確な答えを与えている。**「陽と陰と和して初めて新しき陽が生まれる」**とある部分がそれだ。この意味は、「それまでの陽」と「それまでの陰」が和することによって、「新しき陽」が生まれるということだ。これが和することの結果であり、目的でもある。

新しく生まれるのが「陽」であることは、「陽」が「中」であり、「主」であり、そして「上」であることから当然のことである。言葉を換えれば「陽が本質的なもの」であるからだ。

なお本帖には**「陰と陰と、陽と陽と和しても陰ぢゃ」**という記述があるが、この意味は「陰」

と「陰」、或いは「陽」と「陽」のように同じ性質のもの同士を和してもその結果は「陰」であって、絶対に「新しき陽」は生まれないということである。

このことを「数字」を使って説明して見よう。数字では「奇数」が「陽」であり、「偶数」が「陰」である。今「奇数」として「1」を、「偶数」として「2」を選択すると、「陽」と「陽」を和すことは「1＋1＝2」となるから、結果は「偶数」つまり「陰」になる。同様に「陰」と「陰」を和すと「2＋2＝4」となって、やはり結果は「偶数」つまり「陰」となるのである。

このように「陽」同志、または「陰」同志を和しても結果は「陰」となるだけで、より本質的な「新しき陽」は決して生まれることがないのである。

しかし「陽」と「陰」を和すと、「1＋2＝3」となり、「3」という「新しき陽（奇数）」が生まれることがお分かりだろう。これ故に「違うもの同士和すのがマコトの和」なのである。

そしてもう一つ、「**この和し方が祓い清め**」とある部分は、「正しき和し方」は「祓い清め」のことでもある、という意味である。真の「祓い清め」とは「（罪や穢れを）無くすること」

ではなく、「調和すること、和して弥栄すること」であると前帖で説明したが、このことと本帖の「正しき和」は全く同じことを述べているのである。

そしてここまで来れば、「正しき和」の究極の姿が「善も悪も共に抱き参らせる」ことであることが理解されるであろう。

●和すモノ同士の「立場」に差はないが「位」が異なる

本帖の考察は以上の通りであるが、実は補巻「月光の巻」には本帖の記述と同様の内容が降ろされているので、次に挙げておく（2例）。よく味わって頂きたい。

何ごとも清めて下されよ。清めるとは和すことであるぞ。同じもの同士では和ではない。違ったものが和すことによって新しきものを生むのであるぞ。奇数と偶数を合わせて、新しき奇数を生み出すのであるぞ。それがマコトの和であり清めであるぞ。善は悪と、陰陽と和すことぢゃ、和すには同じあり方で、例えば五と五との立場で和すのであるが、位においては陽が中心であり、陰が外でなければならん。天が主であり地が従でなければならん。男が上で女が下ぢゃ、これが和の正しきあり方ぞ。逆様《さかさま》ならんぞ。これを公平と申すぞ。

奇数と奇数を合しても、偶数、偶数と偶数を合わしても偶数であることを忘れてはならんぞ。奇数と偶数を合わして初めて、新しき奇数が生まれるのであるぞ。今度の岩戸開きには蛭子《ひるこ》生むでないぞ。淡島《あわしま》生むでないぞ。

（補巻「月光の巻」第五十二帖）

（同巻第二帖）

前者の帖では、「和す」ことの説明として「陰」と「陽」、「善」と「悪」が和すときはそれぞれの「**立場**」は五と五であって差がないけれども、和すためにはお互いの「**位**」が異なると説明している。

「位」の違いを具体的に説明したものが、既に登場している「中と外」「主と従」「上と下」である。この概念を理解することは非常に重要であるから次に纏めておこう。

◎和すモノ同士の「立場」には差がない。数字で言えば「五と五」である。
◎和すモノ同士の「位」は異なる。「中と外」「主と従」「上と下」のような関係になる。

後者の帖で「**今度の岩戸開きには蛭子《ひるこ》生むでないぞ。淡島《あわしま》生むでないぞ**」とあるのは、「蛭子」と「淡島」が「新しき陽」ではなく、「陰」であったという意味だと捉えられる。

古事記では、この二神はいわゆる「失敗作（出来そこない）」として御子《みこ》の数に入っていないが、日月神示では御子の数に入っているのである。何故かと言えば、「蛭子」と「淡島」には、「悪の御用」を司る悪神としての「裏の役割」があったからである。

第七帖

今まで世に落ちていた神も、世に出ていた神も皆一つ目ぢゃ。一方しか見えんから、世界のことは、逆の世界のことはわからんから、今度の岩戸開きの御用はなかなかぢゃ、早う改心してこの神について御座るのが一等であるぞ。外国の方が早う改心するぞ、外（幽）国人とは逆の世界の人民のことであるぞ。神の目からは世界の人民、皆我が子であるぞ。世界中皆この神の肉体ぞ、この神には何一つわからん、出来んと申すことないのぢゃ。どんなことでも致して見せるぞ。

〈考察〉

本帖は比較的短いが、四つものテーマが含まれている。順に見て行こう。

●世に落ちていた神も世に出ていた神も皆「一つ目」である

最初は「**今まで世に落ちていた神も、世に出ていた神も皆一つ目ぢゃ。一方しか見えんから、世界のことは、逆の世界のことはわからんから、今度の岩戸開きの御用はなかなかぢゃ、早う改心してこの神について御座るのが一等であるぞ**」の部分であり、主題は「改心していない神々」とでも言えるだろうか。

ここでは「神」について「世に落ちていた神」と「世に出ていた神」の区分で書かれているが、これは国祖様（＝国常立大神）が悪神・邪神らに追放された神話がベースになっていると思われる。と言っても、国祖様の追放については日月神示には降ろされておらず、大本の『霊界物語』に載っているものだ。

これも詳しく説明すると一つの章が必要なほどだが、要点は国祖様の神政が律法一辺倒で、それがあまりにも厳格であったため、これに反対する悪神・邪神らが天の大神に国祖様追放を直訴したことにより、天の大神が止む無くこれを認めたという筋書きである。

この追放によって国祖様と国祖様に従う正神は、いわゆる「世に落ちていた神」ということになり、これに対して「世に出ていた神」とは、国祖様を追放した悪神・邪神ということになる。

これら両方の神とも「皆一つ目ぢゃ。一方しか見えん」とされているのは、一面的、一方的な見方をしているということであって、つまり正神と悪神はお互いに相手のことを「排除すべき存在」、或いは「邪魔な存在」と認識していたことを意味していると考えられる。

悪神が正神を邪魔な存在と見ることは常識的に理解出来るが、正神までがそうであったとは俄かには信じ難いかも知れない。

確かに当時の正神が「善も悪も共に抱き参らせる」こと、すなわち「正しい和し方」を心得ていたならば「一つ目」であったはずはないのであるが、残念ながら国祖様が追放された時節においてはそうでなかったのである。

このように「一つ目」であり「一方的」であったため、神々であっても「**世界のことは、逆の世界のことはわからなかった**」ということになってしまったのである。それ故に、国祖様でも「**今度の岩戸開きの御用はなかなか（大変、厄介）ぢゃ。早う改心してこの神について御座るのが一等であるぞ**」と仰っているのである。

三千世界の大掃除であるから、「身魂磨き」が必要なのは我々人間だけではなく、「一つ目」の神々も同様である。

●外国（人）の方が早く改心することの神意

二つ目は「**外国の方が早う改心するぞ、外（幽）国人とは逆の世界の人民のことであるぞ**」についてである。

実は私もこれまでは「外国の方が早う改心するぞ」の解釈を、「日本人より外国人の方が早く改心する」のであろうと単純に考えていた。しかしそれだと「**日本の人民よくならねば、世界の人民よくならんぞ**」（第十九巻「まつりの巻」第十六帖）という神理に反するので、ここに引っ掛かっていたのである。

これを打破してくれたのが、本帖の「外（幽）国人とは逆の世界の人民のことであるぞ」という記述である。「逆の世界の人民」とは「世界の人民」の〝逆〟であるから、この関係は前述の「世に落ちていた神（人民）」と「世に出ていた神（人民）」に対応することが分かる。

つまり「逆の世界の人民」とは「（正神と同様）世に落ちていた人民」ということであり、世に落ちて艱難辛苦を味わい尽くした人民ほど、それを反面教師として改心（覚醒）するのが早い、という意味に捉えられるのである。

そしてこの場合の「人民」とは、当然「日本人」ということになる。

このように「世に落ちて改心する」仕組が神仕組の真髄であり、「悪の御用」とはそのために働く「反面教師」の役なのである。

なお「世に落ちて改心する」仕組については、別の巻（帖）にも次のように示されている。

この方世に落ちての仕組であるから、落として成就する仕組、結構。

（第二十四巻「黄金《こがね》の巻」第六十九帖）

それにしても「**落として成就する仕組**」とは何という逆説であろうか！

●日本人と外国人は「立場」は同じでも「位」が違う

三つ目は「**神の目からは世界の人民、皆我が子であるぞ。世界中皆この神の肉体ぞ**」である。これは文章通りの意味であるから、何となく分かった気になる部分だが、実は大事な視点が隠されている。

「世界の人民、皆我が子」、「世界中皆この神の肉体」とあるのはその通りだが、その中で「日本と日本人」がどのような位置付けになるのか？　という視点を絶対に忘れてはならず、「そのことに気付け」という神意が秘められていると捉えなければならないのだ。

言葉を換えれば、「日本（人）」と「世界（の人民）」の関係には違いがあるのか？　それとも日本も世界も皆平等で違いはないのだろうか？　ということだ。このように述べれば、先の帖文に秘められた意味の重大さに気付かれるだろう。

そう、日本人も世界の人民も皆神の子であり、日本の国土も世界中の土地も神の肉体ではあるが、両者は同じではない。日本（人）と外国（人）はその「立場」に差はないが、「位」が異なるからである。

つまり日本（人）が「中」であり、「主」であり、また「上」であって、日本以外の外国（の人民）は「外」であり、「従」であり、そして「下」なのである。この関係性は既に何度も述べた通り、神文字「◉」で表されるものだ。

日本と世界の関係は、このように捉えなければならない。

●国祖様には何一つ出来ないことはない

そして四つ目の「**この神には何一つわからん、出来んと申すことないのぢゃ。どんなことでも致して見せるぞ**」とは、「この神」が絶対的な神力をもって此度の「岩戸開き」を成し遂げるとの意思表示であり、人間に向けた宣言でもある。

「この神」とは国祖様（＝国常立大神）のことに他ならない。

第八帖

元は5で固めたのぢゃ、天のあり方、天なる父は5であるぞ。それを中心として、ものが弥栄えゆく仕組、それを人民は自分の頭で引き下げて4と見たから行き詰まって世界の難渋《なんじゅう》であるぞ。手や足の指は何故に5本であるか、誰にもわかるまいがな。

〈考察〉

●手足の指が5本であるのは「天のあり方」

本帖ではまた「**5**」という数字が登場し、「**元は5で固めたのぢゃ**」とか「**天なる父は5であるぞ**」と示されているが、本帖だけを幾ら読んでもそれ以上のことは分かるものではない。

これについては、五十黙示録第一巻「扶桑《ふそう》之巻」第一帖の助けを借りなければならないのである。このため当該帖を考察した文の中から関係個所を抜粋して引用する。復習を兼ねてしっかりご覧頂きたい。

（第一巻「扶桑《ふそう》之巻」第一帖から関係個所の抜粋引用）

では「**五**」とは何か？　ということになるが、これには次の文節の助けを借りなければならない。少々飛び飛びになって恐縮だが、ここは辛抱して付いて来て頂きたい。

いよいよ時節到来して、天の数二百十六、地の数一百四十四となりなり、伊邪那岐《イザナギ》三となり、伊邪那美《イザナミ》二となりなりて、ミトノマグワイして五となるのであるぞ、五は三百六十であるぞ、天の中の元のあり方であるぞ

右の要点は「**伊邪那岐《イザナギ》三となり、伊邪那美《イザナミ》二となりなりて、ミトノマグワイして五となる**」とある部分である。つまり「三」である「イザナギ」と「二」である「イザナミ」が結ばれて「五」になるという意味だが、イザナギは男神であって「男性原理、丶」を、またイザナミは女神であるから「女性原理、〇」をそれぞれ象徴している。

よって、イザナギとイザナミが結ばれる（＝ミトノマグワイ）ということは、次のような二つの図式で表すことが出来る。勿論、この二つは同じ意味である。

・男性原理（三）＋女性原理（二）→完全神（五）
・「丶」＋「〇」＝「⦿」

つまり「五」とは「完全神、根源神」のことであり、神文字「⦿」によっても表されることが分かる。言葉を換えれば「五」は「世の元の大神様のイシ」であって、これ故に「五」が根本数なのである。

また「完全」という意味では「**五は三百六十であるぞ**」とも示されている。言うまでもなく「三百六十」は「円」の「360度」に対応するが、「円」は全てが円満具足であり完全な調和を象徴している。従って「五」は「完全な調和」の意味でもあり、これらを称して「**天の中の元のあり方**」と示されているのであろう。

なお「**三百六十**」になるには、「**天の数二百十六**」と「**地の数一百四十四**」の両方が必要なことは自明であり、このことは「天だけ」ではならず、「地だけ」でもならず、「天」と「地」が結ばれて「完全（五）」になるとの意味である。

ここで「天の数二百十六（216）」と「地の数一百四十四（144）」の割合はピッタ

り「三対二」になるから、「天」と「地」の結びは前述の「男性原理（三）＋女性原理（二）→完全神（五）」、また「ヽ」＋「〇」＝「◉」と全く同じ神理であることが分かる。

なお「**ミトノマグワイ**」とは古事記に登場する言葉であって、イザナギとイザナミが結婚して最初の国生みをする時に「ミトノマグワイ」をしたと記述されている（要するに男女の交わりのことである）。

（抜粋引用ここまで）

以上から分かるように、「天のあり方」である「5」とは「三の男性原理（ヽ）」と「二の女性原理（〇）」が結ばれた完全体（◉）ということになる。これは「世の元の大神」様の三千世界創造の根本的原理でもある。

故に「**それ（5）を中心として、ものが弥栄えゆく仕組**」とあるのは当然の道理である。

なおここで「三の男性原理（ヽ）」と「二の女性原理（〇）」が登場しているが、この「三」と「二」は単なる量や割合ではなく、第六帖に登場した和すモノ同士の「位」と捉えなければ意味が通じない。

男性原理（〇）は「中、主、上」であり、対する女性原理（〇）は「外、従、下」の関係であるが、「三」と「二」はこのことを象徴していると考えられるのである。また「三」と「二」でなければ、和して「五」にはならないこともこれを裏付けている。

更に深読みすれば、「三」と「二」はそれぞれ「奇数」と「偶数」であるが、このことにも大きな意味が込められていると思われる。

「奇数」である「三」は「陽（男性原理、〇）」を、「偶数」である「二」は「陰（女性原理、〇）」を表しているから、両者が和すと「奇数三＋偶数二＝奇数五」となって、「正しき和」の原則通り、「新しき奇数」が生まれることになるからだ。

ところが人間は、五度に亘る「岩戸閉め」によって神の光が完全にシャットアウトされたため、「天のあり方」である「5」を忘れて「4」に引き下げてしまった、とある。

これは「岩戸閉め」によって「神の光（〇）」が射し込まなくなったため、「陽（奇数三）」が無くなったことを意味し、このため、残った「陰（偶数二）」によって結び（和）が生じてしまったことになる。

つまり、「偶数二＋偶数二＝偶数四」になってしまったのであるから、生まれるのは「陰(偶数)」だけであり、最も重要な「新しき陽(奇数)」は絶対に生まれないことになる。従って、世界は新しく生まれ変わることがないまま、古い「陰(〇)」の世界で堂々巡りを繰り返すしかなかったのである。

「**それを人民は自分の頭で引き下げて4と見たから行き詰まって世界の難渋《なんじゅう》であるぞ**」と示されているのは実にこのことであるし、また「**手や足の指は何故に5本であるか、誰にもわかるまいがな**」も、同様の趣旨の指摘である。

手と足の指が5本あるのは、「天のあり方の5」に通じるものであることが理解されて非常に興味深い。

なお本帖では「天のあり方」として「5」だけが特出しになっているが、根源である「5」が開けば「五十」→「五百」→「五千」のように展開拡大し、閉じれば元の「5」の戻ることを忘れないようにして頂きたい。これは「神力の発現、拡大」を意味しているのであるが、これも第一巻「扶桑《ふそう》之巻」第一帖に書かれているので、復習を兼ねて関係文を挙げておこう。

五のイシがモノ言うのであるぞ、開けば五十となり、五百となり、五千となる。握れば

元の五となる、五本の指のように一と四であるぞ

（五十黙示録第一巻「扶桑《ふそう》之巻」第一帖）

第九帖

天の5を地に写すと地の五則《そく》となるのぢゃ、天の大神は指を折りて数《かぞ》え給うたのであるぞ、天の大神の指も五本であるから、それを五度折りて二十五有法となされ、五十をもとと されたのぢゃ、神々《しんしん》、神心《しんしん》、神理《しんり》、神気《しんき》、神境《しんきょう》であるぞ、この交差弥栄《こうさいやさか》は限りなし、これを五鎮《ごちん》と申すのであるぞ。上天、下地、照日、輝月、光星、これを五極と申すぞ。東木、南火、中土、西金、北水、これを五行と申す。裸物、毛物、刃物、鱗物、甲物を五生と申し、文則、武則、楽則、稼則、用則を五法と申すのぢゃが、それだけでは足りない、その中に〇があるのぢゃ、大神がましますのぢゃ、人民の頭ではなかなかに理解出来んなれど、理解して下されよ。これが妙であるぞ、奇であるぞ、天の父の教えであり、地に写した姿であるぞ。

〈考察〉

本帖は極めて難解である。私の知見と能力では考察の広さ深さに限界があることを承知の上で、現在考えられる範囲のことを述べておきたい。ご了解を願う。

●天の5を地に写すと地の五則、二十五有法となる

「**天の5**」とは前帖に登場した「天のあり方」を意味するものであり、それを「**地に写すと地の五則**」になると示されているが、これは「天」と「地」の相互関係を示すものであろう。

また「二十五有法」という言葉も登場しているが、これは「**天の大神の指も五本**」あるからで、「**それを五度折りて二十五有法**」となったと説明している（五本×五度＝二十五）。つまり「地の五則」の一つ一つが五つの要素（有法）からなっているので、合計「二十五有法」となるということだが、本帖の記述からそれを纏めれば次のようになる。

【地の五則】

・五鎮

・五極
・五行
・五生
・五法

【二十五有法】
・五鎮↓神々、神心、神理、神気、神境
・五極↓上天、下地、照日、輝月、光星
・五行↓東木、南火、中土、西金、北水
・五生↓裸物、毛物、刃物、鱗物、甲物（注：「刃物」は「羽物」であろう。後述）
・五法↓文則、武則、楽則、稼則、用則

これらの「地の五則」と「二十五有法」は「天の5を地に写したもの」とされているから、天の秩序を地上世界に反映したものであって、本来であれば、これにより地上世界が十全に運営されることになると考えられる。

ここで「則」の一般的な意味は「決まり事、規定、変わらない方法」などであるが、「則」

の動詞形「則《のっと》る」は「行動の規範として従う、模範とする、手本とする」という意味があるから、「地の五則」とは「(天の5を地に写した) 規範となる五つの地則」という極めて深い神意が込められていることが分かる。

その「五則」が「五鎮」、「五極」、「五行」、「五生」、「五法」の五つであり、更に五則の一つ一つがそれぞれ五つの「有法」に展開されるから、合計「二十五有法」となる道理である。

また「有法」の「有」は「ウ」であり、霊的根源の「ム（無）」から物質世界である「ウ(有)」が顕現したものという意味で使われていると考えられる。

「二十五有法」については、五十黙示録第三巻「星座之巻」第二十二帖にも示されているので次に示しておこう。

アとオとウは天人の言《コトバ》、アとエとイは天使の言《コトバ》、人民に与えられた元の言《コトバ》であるぞ、五柱の元津《もとつ》太神が十柱《とはしら》の夫婦神と現われ、十柱の御子《みこ》と交わって五十神と現われるのぢや。故に五十神の中の三十二神は新しく生まれるのぢや。さらに二十七神とはたらき、また二十五有法とはたらくぞ。

（五十黙示録第三巻「星座之巻」第二十二帖）

●「五鎮」が「地の五則」の核心

ところで「五鎮」の「五有法」は「神々、神心、神理、神気、神境」と示されているが、この五つから「神」の字を除くと「神、心、理、気、境」が残る。実はこの五文字は「先代旧事本紀大成教」の中に書かれている「五鎮」と同じものである。

インターネットで「五鎮」の意味を調べた所、「ありがたやのミステリーツアー　古代の叡智5（2013年12月31日）」というサイトにかなり詳しい説明がアップされており、内容的にも興味深いものだったので、ここに引用させて頂こうと思う。

（引用開始）
「五鎮」とは、すべての元。
命の鎮まりであり、
命を守る5つの基本要素として
教えているわけです。

その5つとは
『神』
『心』(さなご)
『理』(ことわり)
『氣』(いき)
『境』(みのえ)

すべてのもの、森羅万象は
この5つの要素が発生の根元に
関わっていると。

逆に言えば
宇宙だろうが人間だろうが
草木だろうが、この世に発生したものは
5つの要素に分解して考えれば

その働きや役目が明確に理解でき、
正しく活用できるということを
具体的に説いた教えなのです。

「木・火・土・金・水」

「五臓」

「五体」

指も五本
方位も中心を含めて5なのです。

境（みのえ）という物に神を入れる
すると氣の流れが生じ
心の動きがでる。
心の動きにより、
全てに応用できる

法則である理（ことわり）が生じ、
それにより形や定められたもの（境）が発生する

この循環を繰り返すことで
新しい化学反応を得たり
機能が進化（一方では退化かもしれないが）
したりするわけです

（引用終わり）

この方《かた》は「五鎮」のことを「すべての元、命の鎮まり、命を守る5つの基本要素」と説明している。物質世界の命の根源にあたるものという認識のようであるが、私も基本的に同意したい。このことは本帖の「五鎮」が「神々、神心、神理、神気、神境」のように、五つの要素全てに「神」が付いていることからも窺えるというものだ。

これらのことから「五鎮」は「地の五則」の中の核心であると言えるだろう。

なお「五鎮」が載っている「先代旧事本紀大成経」はアカデミズムでは「偽書」とされてい

るが、「五鎮」に関しては日月神示に降ろされていることから真実情報だと思われる。

「五鎮」以外の「地の五則」については、「五極」が天地自然、「五行」が物質界の構成要素、「五生」が生き物（動物）、「五法」が人間の文明活動要素を表しているように思われるが、これ以上の詳細は不明である。

読者において有力な情報をお持ちであれば、是非ご教示願いたい。

注：「五生」の中に「刃物」という有法があるが、これは『［完訳］◯日月神示』版（ヒカルランド）に記載されているものである。しかし「刃物」ではどんな生き物を指しているのか不明であり、むしろ「羽物」が正しいと思われる。「羽物」ならばハッキリと鳥のように「羽」を有する生き物であることが分かる。実際に、私が所持している別の日月神示全訳本『改訂版 ひふみ神示』（コスモ・テンパブリケーション）では「羽物」となっている。

●「地の五則」、「二十五有法」の中には「◯」がある

次に「**天の大神の指も五本であるから、それを五度折りて二十五有法となされ、五十をもと**

とされたのぢゃ」の中に、「五十をもととされた」という一節がある。「二十五有法」なのにどうして「五十をもと」としたのだろうか？

これについては、「天の5の写し」が「(地の)二十五有法」となったのであるから、当然、天にも〝写しの元〟となった「(天の)二十五有法」が存在しているからだと考えられる。天の二十五と地の二十五で合計五十となる。いわゆる「天(陽)」と「地(陰)」の関係である。

このように、「地の五則」と「二十五有法」は「天の5(と天の二十五有法)」が地に写されたものであるが、不思議なことに本帖の後半では、「**それだけでは足りない、その中に〇があるのぢゃ、大神がましますのぢゃ**」と示されている。これはどういうことか？

具体的に「足りないもの」とは「(その中にあるべき)〇」だとあるから、「〇」が何を表しているかがキーポイントである。これを考えるには、第一巻「扶桑《ふそう》之巻」第二帖がよい参考になる。関係個所を抜粋して挙げておこう。

一はいくら集めても一であるぞ、わからんものいくら集めてもわからん道理、二は二、三は三であるぞ、一を二つ集めても二にはならんぞ、人民大変な取り違いを致して居るぞと申してあろうがな、〇《レイ》がもとぢゃ、◎一《レイ》がもとぢゃ、結びぢゃ弥栄ぢゃ、よく心得なされよ。

（五十黙示録第一巻「扶桑《ふそう》之巻」第二帖）

この帖において「**○《レイ》がもとぢゃ**」とあるが、「○《レイ》」は「霊」と捉えられるから、「霊がもと（元）ぢゃ」という意味になる。つまり、地上世界に顕現した一、二、三などの物質的現われは、すべて「霊」が根源である、ということを示しているのだ。

よって、本帖の「その中に○があるのぢゃ」の「○」も同様に「レイ（霊）」と解される。

地上世界の人間は、「天の5の写し」である「（地の）二十五有法」を物質的次元でのみ解釈してしまうから、「それだけでは足りない、その中に○（霊）があるのぢゃ」と指摘されているのであり、その「○（霊）の大元」には「大神がましますす」ということになるのである。

ここで「大神様」とは、勿論「世の元の大神」様のことである。

一応、以上のように考察して来たが、本帖全体があまりにも抽象的・観念論的であって難解なことに変わりはない。

そのことは神ご自身も認めているようで、「**人民の頭ではなかなかに理解出来んなれど、理**

解して下されよ。これが妙であるぞ、奇であるぞ、天の父の教えであり、地に写した姿であるぞ」と降ろされているのもこのためであろう。

もっとも「なかなかに理解出来んなれど、理解して下されよ」とは少し無理筋《すじ》のような気もするが、胸落ちし「肚《はら》」に入るまでには至らなくても、当面「知識」として頭に入れておくことは必要であろう。

なお「妙」とは「言うに言われぬほど優れていること、不思議なこと」であり、「奇」は「変わっている、目立つ、特異な」というほどの意味である。二つ合わせて「奇妙」となるが、実際にも「天の父の教え」は人間にとっては「奇妙」そのものである。

第十帖

神示に出したら天明に書かすのであるぞと知らしてあろう、神示はいくらでも神界に出してあるのぢゃ、神が想念したならば、神界ではそれが神示となっているのぢゃ、それを人民にわかるように書かすのぢゃ。父と母との文字で書かすのであるぞ、天明は神示うつす役、書かす御役。

〈考察〉

●岡本天明は神示を書くことが役割

本帖は、ほとんどが岡本天明の「御役」について書かれた珍しい帖である。天明に関しては、本帖以外にも補巻「月光の巻」と内容が同じものが第四帖、第五帖に降ろされているが、このように「五十黙示録」は、部分的にではあっても岡本天明個人を対象とした帖やピースが散見される。

大きな特徴と言ってよいだろう。

内容を見ると、冒頭の「**神示に出したら天明に書かすのであるぞと知らしてあろう**」で始まり、最後に「**天明は神示うつす役、書かす御役**」で終わっていることから、どうもこの帖の本質は、「因縁の身魂」としての天明の役割を再認識させること、つまりそれは「神示を書く」ことなのだと、神が念を押しているように思われてならない。

と言うのも、天明の役割が神示を書くことであることは、五十黙示録以外の巻においても随所に降ろされているからである。こんな分かり切ったことを改めて「極《きわ》め之巻」に降ろすには、それだけの理由があると考えられる。

勿論それが何であるかは書かれていないが、推測することは出来る。その理由はおそらく天明が「神示を書く御役」以外にも手を広げようとしていた（或いはそのように望んでいた）からだ考えられるのだ。

「月光の巻」を読むと、天明は「**世界連邦**」なるものに興味を持っていたことが分かるが、これなどは「ミロクの世の型」と考えられないこともないから、天明がその方面の「役割」を果たしたいと望んでいたことは十分にあり得ることだ。

或いはまた「霊的なこと」に関して他人を指導・教化したいと思っていたのかも知れないし、もしかすると元々自分が霊媒体質だったことを生かして、低級霊ではなく「高級神霊」と積極的に交信したいと思っていたのかも知れない。何れとも断言は出来ないが、「月光の巻」を読むとそのような臭いが感じ取れることも事実である。

しかしながら本帖の書きっぷりから見ると、天明の役割はあくまで「神示を書く」ことであり、それ以上でも以下でもないことを今一度確認させようとしているように感じられてならないのだ。神の立場に立って申せは、「天明、あれこれ欲張ってはならん」ということだろうか？

このことから「因縁の身魂」の役割は、いわゆる「何でも屋」的なことではないことが窺《うかが》い知れる。神仕組の進展に使われる「因縁の身魂」の「役割」は、その者が成し得る「大事なこと一つ」であると捉えておくべきだろう。

読者も自分の「役割」に思いを致して見たらどうであろうか？

●神界では神の想念がそのまま神示になる

天明の「役割」に関しては以上であるので、残された部分を見ておこう。「**神示はいくらでも神界に出してあるのぢゃ、神が想念したならば、神界ではそれが神示となっているのぢゃ**」には、神示はまず神界で出され、順序を経て天明に伝達されるという意味が含まれている。

神界では「想念」が神示になるというから、天明のように紙の上に書き写す作業は無いようである。

●父の字、母の字

「**父と母との文字で書かすのであるぞ**」では、「父の文字」と「母の文字」が謎と言えば謎である。私は「父の文字」を「天の文字」、「母の文字」を「地の文字」と捉え、「父(天)の文字」は「**数字**」であり、「母(地)の文字」は「**いろは(ひらがな)**」だと理解している。

つまり、日月神示は父の文字である「数字」と、母の文字である「いろは(ひらがな)」によって降ろされるという意味になるが、日月神示の原文は正にそのようになっている。

第十一帖

陽《ひ》あたりのことと、陽かげのことと一時に出て来るのぢゃ、立て壊しと立て直しが一時にくるのぢゃ、神の申した通りになって居ろうがな、学で説くと学の鬼に囚われるぞ、智で説くと智の、理で説くと理の鬼に囚われる、このまま伝えて下されよ。天の世界も潰してはならん、地の世界も潰すわけには参らんが、地上の事は立て直し難しいなれど、見て御座れよ、一厘の火水《ひみつ》でデングリ返して、見事なことを御目《おめ》にかけるぞ。

〈考察〉

本帖は比較的短いが、内容的には四つのテーマが含まれている。順に考察する。

●「一時に出て来る」とは「同時」ではなく必ず「順序」がある

まず冒頭の「**陽《ひ》あたりのことと、陽かげのことと一時に出て来るのぢゃ、立て壊しと立て直しが一時にくるのぢゃ**」についてであるが、ここでの主テーマは「立て壊し」と「立て直し」が一時に出て来ることであって、「陽《ひ》あたり」と「陽かげ」はそれを理解させるための方便のようなものである。

つまり「陽《ひ》あたり」があればこれによって「陽かげ」が出来るように、「立て壊し」に続いて「立て直し」が生ずることを述べているのである。

ここで大事なことは、「一時に出て来る」とはあるが、それは「同時」ではなく必ず「順序」があると言うことだ。「陽あたり」→「陽かげ」と同様に、「立て壊し」→「立て直し」の順序となるのであり、この逆は原理的にもあり得ないことに注意されたい。

なお「立て壊し」は「立て替え」と同義であると考えてよい。ある事柄や事象を様々な言葉で表現するのは日月神示の大きな特徴であって、この場合もそのように捉えられる。個人的には「立て壊し」には「壊し」が入っているので、何かを壊して何かが創造（再生）されるイメージが伝わり易いと感じている。

「立て壊し」と「立て直し」については、他の巻（帖）にも同じような記述があるので、参考までに挙げておこう。

タテコワシ、タテナオシ、一度になるぞ、立て直しの世直し早うなるも知れんぞ、遅れるでないぞ。

（第九巻「キの巻」第八帖）

立て替え、立て直し、過去と未来と同時に来て、同じところでひとまず交じり合うのであるから、人民にはガテンゆかん、新しき世となる終わりのギリギリの仕上げの様相であるぞ。

●神の申した通りになった天明

次に「**神の申した通りになって居ろうがな**」とは、「立て壊し」と「立て直し」が一時に出て来た何らかの事象や出来事があったことを前提としていることは間違いないと思われるが、それが何であるかは書かれていない。

ただ本帖が降ろされた昭和36年8月当時、日本または世界的な規模で「立て壊し」→「立て直し」に該当するような大きな出来事は見当たらないので、これはおそらく「個人的な立て壊し→立て直し」ではないか？　と想像される。個人的であるならば、その対象は岡本天明以外になく、それまで天明を悩ませ苦しめていた何らかの問題（＝メグリ）について、突然その意味と教訓を理解して超越・克服した経験があったものと思われるのである。

読者もお気付きだと思うが、要するにこれは「身魂磨き」が深化して、ある一つの「メグリ取り」の「臨界点」を超えたことでもあるのだ。「身魂磨き」の深化とは自らの内的（心的）

作業であり、必ず「立て壊し」→「立て直し」という順序で起こるが、「臨界点」とは丁度その「間《あいだ》」のことを指している。

ついでに申せば、このことを「個人の岩戸開き」と言い得ることに注意されたい。「岩戸開き」にも、個人から家、国、世界のレベルまで色々ある。

●神示の伝達は学、智、理の鬼に囚われてはならない

次は「**学で説くと学の鬼に囚われるぞ、智で説くと智の、理で説くと理の鬼に囚われる、このまま伝えて下されよ**」について考察する。

まず、「何を」説くのか？ と言えば、それは「日月神示」であることは論を俟《ま》たない。それ以外には考えられないし、考えても意味がない。すると、「日月神示」を「学、智、理」で説くと「学、智、理の鬼に囚われる」ということになるが、こうなると今度は「鬼」が何を指しているのかが問題となる。

手掛かりとしては、本帖文に「鬼に囚われる」とあるように、善い意味ではなく悪い意味に使われていることは確実である。実はこれに近い意味を持つと思われる内容が、第三帖の中に

降ろされているので見ておこう。

言葉の裏には虫がついているぞ、英語学ぶと英語の虫に、支那語学ぶと支那語の虫に犯されがちぢや。わからねばならんし、なかなかながら御苦労して下されよ。

（五十黙示録第五巻「極《きわ》め之巻」第三帖）

この帖文で「**言葉の裏に虫がつく**」とは、人民が発する言葉の裏には「本来の言葉の意味とは違う善からぬ意志や感情がある」というような意味になると考察したが、「鬼に囚われる」もこれに近いと思われるのだ。

そこで「鬼」についてもう少し見て行くと、実は「鬼」には広範な意味がある。インターネット上の「weblio 辞書」では次のように説明されている。

【鬼】

・頑強な体軀を持つ怪物として描かれる空想的・伝説的な怪物。超人的な力と情け容赦ない性格の持ち主として語られることが多い。

・鬼を連想させるほどの力強さ、大きさ、あるいは非道さを形容する表現。

・程度の甚だしさを強調する意味合いで用いられる表現。「鬼すごい」というように副詞的に用いられることが多い。

「鬼」にはこのような意味があるから、「鬼に囚われる」とは日月神示を自己流に強引に解釈し、しかもその思い込みが極めて強い（当然他の解釈を認めない）ことの比喩であると考えられる。先の「虫がつく」よりも、更に悪質の度合が強いと言えよう。

そのような「鬼」にさせるものが「学、智、理」だと示されているが、これは当然、人間がこれまでに構築して来た「学問、知識、理論（理屈）」を指している。

要するに日月神示という最高最大最奥の神典を、人間の浅知恵の範疇《はんちゅう》で理解しようとすることであると考えられる。従って「鬼に囚われる」ことがないように、「このまま伝えて下されよ」と示されているのである。

ただ「このまま伝えて下されよ」の「こ、の、ま、ま、」を馬鹿正直に採《と》って、「日月神示」の翻訳文に何の解釈や解説も加えないで伝えることだと解釈する向きもあるようだが、これだとただでさえ難解な日月神示の神仕組や神意をキチンと理解出来る者は極めて少ない（或いはほとんいか。

どいない）ということになってしまう。

しかしこれでは、神が何のために日月神示を降ろしたのか、分からなくなってしまうではないか。

よって私は「このまま伝えて下されよ」とは、「神仕組や神意を人間の学や智、理で捻じ曲げて伝えてはならない」ことだと考えている。

ただこの考え方だと、日月神示に関心を持っている者なら誰にでも当てはまるということではなくなり、神意に適うように深く神示を理解している者でなければ該当しないことになってしまう。要するに「このまま伝える」ことの出来る者が極めて限定されてしまうだけでなく、それ以上にそのような者が何処にいるのか？　という疑問にまで発展してしまうのだ。

その意味で少し深掘りして見ると、「学で説くと学の鬼に囚われるぞ、智で説くと智の、理で説くと理の鬼に囚われる、このまま伝えて下されよ」と神から言われている人物は、「岡本天明」その人ではないか？　と考えることが最も納得が行くのである。

何故なら、この当時日月神示を一番理解しているのは、勿論、岡本天明であるが、天明は我《が》が強く、学に囚われ易い理屈屋であり、しかも理詰めで相手を追い込む傾向があったとされていることから、天明が誰かに神示を伝える場面を想像すると、本帖の「学、智、理の鬼に囚われる」事態がピッタリ当てはまるように思われるからである。

注：天明の性格については補巻「月光の巻」に詳しく記述されている。

このように、解釈上は岡本天明が一番に浮上するが、日月神示を研究している私にとっても他人事ではなく、肝に銘じておかなければならないことである。

●神の宣言――「一厘の火水《ひみつ》」でデングリ返す

本帖で残った帖文は「**天の世界も潰してはならん、地の世界も潰すわけには参らんが、地上の事は立て直し難しいなれど、見て御座れよ、一厘の火水《ひみつ》でデングリ返して、見事なことを御《お》目《め》にかけるぞ**」であるが、これは地上界の立て直しに関する神の決意表明または宣言のようなものだと思われる。「難しいなれど……見事なことを御目にかけるぞ」とある部分が、そのことを如実に語っているようだ。

ところで「見て御座れよ」とは誰かに対して発した言葉であるが、それは誰だろうか？　一般論としては「日月神示に関心を持つ不特定多数の読者に対して発した」というのが正論であろうが、ここも深読みすれば「岡本天明」に対して言ったものだと解釈しても何もおかしくないのである。私にはむしろ、こちらの方がよほどスッキリするように感じられる。

なお、右に登場している「一厘の火水《ひみつ》」とは「一厘の仕組」と同義であると思われるが、これについて詳細を述べるには紙幅が幾らあっても足りないので、ここでは割愛する。ただここで押さえておいて欲しいことは、「何故一厘なのか？」ということである。

それは「一厘の火水《ひみつ》（仕組）」が発動するためには、「悪の御用」によって世界中が九分九厘まで悪神の手に落ちることが前提条件である、ということだ。「九分九厘」の悪の下地の上に最後に発動するから「一厘」なのである。この逆は絶対にない。

言うまでもなく、「九分九厘」と「一厘」で一桁上がった「十」になる。つまりこれが「新しい世界（＝ミロクの世）」が到来するという意味である。

また「一厘の仕組」は「火の仕組」と「水の仕組」の相互作用によって成就するのであるが、

「一厘の火水《ひみつ》」には、「一厘の火水」にはこのことが秘められていて極めて興味深い。要するに「火」と「水」による「立て替え（＝物質的破壊）」と「立て直し（＝霊的覚醒・復活）」の意味が含まれているということだ。

第十二帖

口先ばかりで、その場限りでうまいこと申して御座るが、それは悪の花、心と行が伴わんからぢや、己《おのれ》自身の戦《いくさ》が終わっていないからであるぞ。そなたの持つ悪いクセを直して下されよ、それが御神業ぢや。神々様も自分のクセを直すために御苦労なさっているぞ、そのために生長する。昨日の自分であってはならんぞ、六十の手習いで止まってはならん、死ぬまで、死んでも手習いぢや。お互いに拝《おろが》めよ、拝むとすべてが自分となる、拝むところへ集まって来て弥栄ぢや。

〈考察〉

●天明、そなたの悪いクセを直せ

本帖にも「**そなた**」という単人称代名詞が登場しているが、これは（これまでと同様）岡本天明のことだと考えてよい。ここでは神から「**そなたの持つ悪いクセを直して下されよ**」と指摘指導されているが、実は補巻「月光の巻」にも同じような帖が降ろされているので、併せてご覧頂こう。

己《おのれ》自身の戦《いくさ》まだまだと申してあろうがな。この戦なかなかぢゃが、正しく和して早う弥栄結構ぞ。そなたの持つ悪いクセを治して下されよ。そのクセ治すことが御神業ぞ。自分で世界を立て直すような大きなこと申して御座るが、そなたのクセを治すことが最も大切な御用でないか。これに気がつかねば落第ぞ。恐れてはならん。恐れ生むからぞ。喜べ、喜べ、喜べばよろこび生むぞ。喜びは神ぢゃ。神様御自身も刻々弥栄して御座るぞ。故にこそ生長なされるのぢゃ。人間も同様でなくてはならん。昨日の自分であってはならん。今の自分ぞ。中今の我《われ》に生きねばならん。

（補巻「月光の巻」第五十二帖）

両者を比べると主題となるテーマは全く同じであり、「そなたのクセを直せ」ということだと分かる。このように第五巻「極《きわ》め之巻」に入ってから、天明に対する神の指導が多く降ろされ、しかも「月光の巻」との共通項が多いことに驚かされる。

ここで少し「月光の巻」について復習すると、「月光の巻」は日月神示の「補巻」と位置付けられていて、全六十二帖の大部分が岡本天明に対する神からの指導や諭《さと》し、或いは戒《いまし》めなどが降ろされている特異な巻である。

具体的な内容は、それこそ天明のダメぶり、馬鹿さ加減のオンパレードと言ってよく、すべては天明の「メグリ」から出たものと言ってよいだろう。「そなたの持つ悪いクセ」というのも「メグリ」の顕現の一つであると捉えられる。

神はこれらの一つ一つを取り上げて具体的に指摘し、善くなるように指導し動機付けているが、それらを文章として降ろしたものが「月光の巻」なのである。

この意味で「月光の巻」は岡本天明に対する「個人的な神示」ということも出来るが、天明はそれを自分だけのものとせず、日月神示の「補巻」として収録し公表したことには、彼自身の並々ならぬ決意があってのことだったに違いない。

「因縁の身魂」の一人として神から日月神示を伝達され、それを翻訳して世に出し、様々な神業に奉仕して神仕組の進展に寄与して来た天明であれば、世間からは「凄い人」とか「偉い人」、「立派な人」と思われて当然であろう。

しかし実態は「月光の巻」に書かれているように、彼自身は実に多くのことで悩み苦しみ、壁にぶつかっていたのである。敢えて言えば、自分の恥さらしのようなことが満載されている「月光の巻」であるにも関わらず、それを公表したことの意味は何だったのであろうか？

ここは読者自身にも天明の立場に立って考えて頂きたい所だが、私の目には天明が「立て壊し」と「立て直し」における「臨界点」を超えることが出来たことの結果ではなかったかと映っている。

前帖（第十一帖）には「**立て壊しと立て直しが一時にくるのぢゃ、神の申した通りになって居ろうがな**」と示されていたが、私はこれが岡本天明自身のことである可能性を指摘した。また「身魂磨き」が深化して「立て壊し」から「立て直し」への境涯に至った瞬間を「臨界点」と表現したが、天明はやっとの思いで自らの「臨界点」を超えたことにより「月光の巻」をない。

「補巻」として公表したと思われるのだ。

「神の申した通りになって居ろうがな」とは、もしかするとこのことを指しているのかも知れない。

では本帖に戻って「そなたの持つ悪いクセ」について見てみると、クセは一つではなく幾つもあることが明らかである。正に「無くて七癖《くせ》、あって四十八癖」と言われる通りである。本帖と「月光の巻」第五十二帖に書かれている「天明のクセ」とは次のようなものであった。

・口先ばかり
・その場限り
・心と行が伴っていない
・大言壮語（自分で世界を立て直す）

このような「**クセを直すことが御神業**」であり、「**己《おのれ》自身の戦**」であり、「**正しく和す**」ことだと指摘されているが、要するにこれは「身魂磨き」のことであり、「真我を復活」させることであり、「祓い（清め）」のことでもあり、さらには「（自分自身の）岩戸開き」であることがお分かりになるだろう。

このように、神仕組とは全てが繫がっているのであり、これ故に「生長する」のである。

●神々にも「クセ」があるのか？

誰もが少し「エッ」と思う所は、「**神々様も自分のクセを直すために御苦労なさっているぞ**」とある部分だろう。神々様に「クセ」があるなどとは俄かに信じられないかも知れないが、それは実際にあるのである。

このことは神々が最初から全知全能・完全無欠な存在としてあるのではなく、神々自身が常に進化（深化）し続ける存在であることを意味している（これについては第十七巻「地震の巻」に詳しい）。

このように申すと、それならば「世の元の大神」様や「国祖様（＝国常立大神）」はどうなのだ？　根元的な大神にクセがあるのか？　という質問が出そうであるが、その答えは「イエス」である。

何故なら、神の本質は「一神則多神則汎神」であって、全ての神々が切り離された別々の存在ではなく、究極は「全神一体」であるからだ。神を人間と同じような個々バラバラな存在と認識してはならないのである。

また此度の「岩戸開き」が神幽顕全てを含む「三千世界の岩戸開き」であることを考えれば、神々様であっても「身魂磨き」が必要なことが自然に理解されるはずだ。

●「クセ」の直し方――死ぬまで、死んでも手習い

次に「クセの直し方」について見てみると、「**昨日の自分であってはならんぞ、六十の手習いで止まってはならん、死ぬまで、死んでも手習いぢゃ**」が基本であるが、具体的な指針としては「**お互いに拝《おろが》めよ、拝むとすべてが自分となる、拝むところへ集まって来て弥栄ぢゃ**」ということと、「**恐れてはならん。恐れ生むからぞ。喜べ、喜べ、喜べばよろこび生むぞ**」ということ、さらに「**今の自分ぞ。中今の我《われ》に生きねばならん**」のように示されている。

解説が必要だとすれば、「**お互いに拝めよ、拝むとすべてが自分となる**」という部分だと思うが、この真意は人民一人一人の本質が「神」であることにある。これについては、次の神示によってハッキリと示されている。

万物の長《ちょう》とは⦿の臣民のことであるぞ、世界の人民も皆万物の長であるぞ、この世の⦿は臣民ぢゃぞ、⦿に次いでの良い身魂《みたま》ぞ、臣民は地《くに》の日月の神様ざぞ。

（第二十巻「梅の巻」第十二帖）

この神示で明らかなように、臣民は「**地《くに》の日月の神様ざぞ**」と示されている。このことと前述の「一神則多神則汎神」の原則から、「他人を拝む」ことは「自分を拝む」ことであり、故に「すべてが自分となる」道理である。

最後に「**六十の手習いで止まってはならん、死ぬまで、死んでも手習いぢゃ**」とある部分について補足しておきたい。この部分の意味は、「悪いクセを直す神業は年を取ったからと言って終わるものではない。死ぬ瞬間まで続くのであるから、決して止めてはならんぞ」ということであろうが、実はこの帖が降ろされた当時の天明は既に満63歳になっており、「六十の手習い」という表現にピタリと合致している。

天明は明治30年（1897年）12月生まれ、また本帖降下は昭和36年（1961年）8月でである。天明が亡くなったのは昭和38年（１９６３年）４月であるから、本帖が降ろされてからたった1年８ヶ月後にこの世を去ったことになる。

天明は本帖文の通り「死ぬまで、死んでも手習い」を続けたに違いなく、後に続く我々に対して「因縁の身魂」の鮮烈な生き様を教えてくれるものである。

第十三帖

これまでに申してきかせても、言うこときかぬ人民多いぞ、きく耳ないならば思うようにやってみなされ、グルグル廻ってまた始めからぞ、人民は神の中にいるのであるから、いくら頑張っても神の外には出られん。死んでも神の中にいるのぞ、思う様《さま》やりて得心改心、我《われ》が我がで苦しむのも薬と申すもの。

〈考察〉

●人民よ、聞く耳がなければ思うようにやってみよ

冒頭の「**これまでに申してきかせても**」とは、神が日月神示を降ろして、人民に「岩戸開き」をはじめとする神仕組の全貌をとっくに伝えて（申してきかせて）いることが前提となっている。何度も述べているが、その中の核心となるのが「基本十二巻」である。

しかしそれでも「**言うこと聞かぬ人民が多いぞ**」とあるように、「悪神の仕組」に掛かって「体主霊従」に堕ちている人民の多くは、神理にそっぽを向いていると指摘されている。この点は神もまどろっこしく感じておられるかも知れないが、そうかと言って神が強引に言うことを聞かせることは、天則天律に反するから絶対に出来ることではない。

そもそも神が人間がどうなろうと構わず、強制力を持って神仕組を進展成就させることが出来るのであれば、「日月神示」を降ろす必要など何処にもないし、ましてや人民に「身魂を磨け」などと急《せ》かす必要もない。

「**きく耳ないならば思うようにやってみなされ、グルグル廻ってまた始めからぞ**」とは随分突き放した言い方であるが、そもそもの原因は人民が言うことをきかないことにあるから、これは一種の「荒療治」と考えればよいのではないか。

神の言うことをきかない人民が自分たちの思うようにやってみたところで、世の中の政治や経済、その他の何もかもが上手く行く訳がなく、結局、堂々巡りを繰り返してその度に悪くなるのは目に見えている。


このようなことを何度も何度も飽きるほど経験すれば、やっと「何かがおかしい」と疑問を持ち、神の申すことに耳を傾ける動機付けが得られるというものだ。

それにしても、人民がこうまで深く「体主霊従」に成り下がっていることには驚くしかない。「悪神の仕組」、「悪の御用」はそれほど巧妙であり、効果が絶大であったということであろう。

●人民はいくら頑張っても神の外には出られん

「**人民は神の中にいるのであるから、いくら頑張っても神の外には出られん。死んでも神の中にいるのぞ**」とは、人間と神の「究極の関係」を説いたものである。例えば、前述の「きく耳ない人民」がいくら自分勝手に思う通りやって見たところで、それで「神との縁」が切れるかと言えば、それは絶対に不可能なことである。原理的に不可能なのだ。

地上世界に生きていようが、死んであの世に戻っていようが、人間は常に「神の中」にいるのである。何故なら、人間は神が「造った」ものではなく「生んだ」ものであるからだ。

このことを明かしている神示を次に示すので、よくご覧いただきたい。

> 神も人間も同じであると申してあろう。同じであるが違うと申してあろう。それは大神の中に神を生み、神の中に人民を生んだためぞ。自分の中に、自分新しく生む時は、自分と同じカタのものを生む。大神弥栄なれば、神も弥栄、神弥栄なれば人民弥栄ぞ。困るとか、苦しいとか、貧しいとか悲しいとかいうことないのであるぞ。道ふめと申すのは、生みの親と同じ生き方、同じ心になれよと申すことぞ。人民いくら頑張っても神の外には出られんぞ。神いくら頑張っても大神の外には出られんぞ。
>
> （第二十八巻「夏の巻」第七帖）

人間は神が「**自分を新しく生む**」ために、「**自分と同じカタ**」のものを生んだという意味において神と「同じ」なのであるが、「大神」↓「神」↓「人民」という具合に「生まれる順序」

が異なっていることは知っておくべきである。

地上世界の人間は完全物質体であって、個人個人がそれぞれ独立してバラバラに振舞うことが出来るから、例えば、親と絶縁すれば形の上では「親の外」に出ることも可能なように思われるが、それでも親から受け継いだ遺伝子を切り離すことは絶対に不可能である。これも原理的に不可能なことだ。ましてや神霊世界における「大神」―「神」―「人間」の関係を考えれば、「神の外」に出ることなど出来る訳がないではないか。

●地獄に落ちて苦しむだけ苦しんで気付くのも善し

最後の帖文「**思う様《さま》やりて得心改心、我《われ》が我がで苦しむのも薬と申すもの**」は、前述した「荒療治」を別の表現によって述べたものである。思いっ切り厳しい言い方をすれば、「地獄に落ちて苦しむだけ苦しんで気付け！」ということになるが、人間の「魂」が地獄に落ちても気付けるように仕組まれていることは、大神の恩寵《おんちょう》と言うべきであろう。

と言っても、人民全てが「気付く（気付ける）」訳ではなく、最終的に「**神**（**神人**）」と「**獣**」

に分かれると神は申されているのである。このことは次の神示においても示されている。

いよいよ地獄の三段目に入るから、その覚悟でいてくれよ、地獄の三段目に入ることの表は一番の天国に出づることぞ、神のまことの姿と悪の見られんさまと、ハッキリ出て来るのぞ、㋹と獣とに分けると申してあるのはこのことぞ。何事も洗濯第一。

（第三巻「富士の巻」第九帖）

話は前後するが、本帖の最初に「**これまでに申してきかせても、言うこときかぬ人民多いぞ**」とあるので、この帖が「人民」を対象にしていることはハッキリしている。ところが面白いことに、補巻「月光の巻」においても、ほとんど同じ内容が岡本天明に対しても降ろされているので、次に挙げておこう。

これほど言分《ことわ》けて申しても得心《とくしん》出来ないのならば、得心の行くまで思うままにやりて見なされよ。そなたは神の中にいるのであるから、いくら暴れ廻っても神の外には出られん。死んでも神の中にいるのであるぞ。思う様《さま》やりて見て、早う得心改心致されよ。

（補巻「月光の巻」第五十三帖）

このように「因縁の身魂」の筆頭であった岡本天明でさえも、我々と全く同じ普通の「人民」であったことが分かる帖文である。「因縁の身魂」と言っても、決して「聖人君子」のような完璧な人間ではないのである。

第十四帖

正しくないものが正しい方に従わねばならんと人民申して御座るなれど、正とか不正とか申す平面的衣を早う脱いで下されよ。マコトを衣として下されよ、マコトを衣にするには心がマコトとなりなりて、マコトの肉体とならねばならん、マコトとは数《かず》ぢや、言《こと》ぢや、色ぢや、その配列、順序、法則ぞ。

〈考察〉

●**正しいとか正しくないというのは「平面的思考」**

本帖の冒頭に、「**正しくないものが正しい方に従わねばならんと人民申して御座る**」とあるが、ここに書かれていることは、常識的には誰もが正しいと思うはずである。現在の世界の強通的な価値観はこのようになっているからだ。これをお読みの「あなた」は如何であろうか？否定出来ないのではないだろうか？

しかしこれは、日月神示的には明らかに正しくない。神は「**正とか不正とか申す平面的衣を早う脱いで下されよ**」と申されている。「正しい」とか「正しくない」というのは「平面的衣」であるから「早く脱いで」、「**マコトの衣**」を着ろと仰《おっしゃ》っているのである。「平面的衣」とは「平面的思考」と同じ意味である。

これは日月神示の「善悪観」に帰結するテーマなのである。日月神示では、「絶対善」も「絶対悪」も実在するモノではなく、神仕組における「善の御用」および「悪の御用」として、神仕組の進展のために働くものだと説いている。

また「善」と「悪」は、コインの裏と表、或いは「棒磁石」のN極とS極のようなもので、絶対に切り離すことが出来ないと教示している（「棒磁石」の場合は、これを真中から半分に切断したとしても、切断された半分の棒磁石の両端には必ずN極とS極が生ずる）。

これと同じように、人間の社会から「悪」を取り除けば「善」だけが残って平和になる、などという話は成り立たないのである。個人の場合でも、心の中から「悪」を取り除けば、その者が１００％「善人」になることはあり得ない。そもそも「悪」だけを取り除くことは原理的に不可能だからである。

日月神示は「悪」の本質とその役割について詳細に降ろしているが、多くの者は「善悪二元論」の轍《わだち》に嵌《はま》ったままのように見受けられる。私は自分の本の読者にそのような状態でいて欲しくないために、事あるごとに「悪」について解説して来ているが、本帖においても繰り返し強調しておきたい。

このため、「悪」について説いている最も代表的な神示を挙げておく。これは以前にも紹介しているものだが、「善悪二元論」の愚《ぐ》をハッキリ教示している極めて重要なものであるから、よく復習していただきたい。

今日《こんにち》までの御教《みおし》えは、悪を殺せば善ばかり、輝く御代《みよ》が来るという、これが悪魔の御教えぞ、この御教えに人民は、すっかりだまされ悪殺す、ことが正しきことなりと、信ぜしことの愚かさよ、三千年の昔から、幾千万の人々が、悪を殺して人類の、平和を求め願いしも、それははかなき水の泡、悪殺しても殺しても、焼いても煮てもしゃぶっても、悪はますます増えるのみ、悪ころすてふ《ちょう》そのことが、悪そのものと知らざるや、⦿《かみ》の心は弥栄ぞ、本来悪も善もなし、ただ御光《みひかり》の栄ゆのみ、八股大蛇《やまたのおろち》も金毛《きんもう》も、邪鬼《じゃき》も皆それ生ける⦿、⦿の光の生みしもの、悪抱《いだ》きませ善も抱き、あなう所に御力《みちから》の、輝く時ぞ来たるなり、善いさかえば悪なるぞ、善悪不二《ふじ》と言いながら、悪と善とを区別して、導く教えぞ悪なるぞ、ただ御光のその中に、喜び迎え善もなく、悪もあらざる天国ぞ、皆一筋の大神の、働きなるぞ悪はなし、世界一家の大業《たいぎょう》は、地の上《うえ》ばかりでなどかなる、三千世界大和《だいわ》して、ただ御光に生きよかし、生まれ赤児《あかご》となりなりて、光の⦿の説き給う、（マコトの道を進めかし、）マコトの道に弥栄《やさか》ませ。

（第二十三巻「海の巻」第五帖）

神は「悪」について右のように教えている。中ほどに「**八股大蛇《やまたのおろち》も金毛《きんもう》も、邪鬼《じゃき》も皆それ**

生ける⦿、⦿の光の生みしもの」とあるが、「八股大蛇、金毛、邪鬼」は日月神示において「悪の三大将」と呼ばれる悪神のトップのことである。

これら悪神のトップについて、「皆それ生ける⦿」とか「⦿の光の生みしもの」と断言していることが日月神示の凄い所である。これを裏読みすれば、「悪の三大将」は「悪の御用」に任ずる使命を持っているということであり、元々は極めて神格の高い尊い神々であることが分かるというものだ。

では「悪の御用」は何のために存在しているのか？　その目的は何だろうか？　これについては、次の神示が明確に答えている。

善のみにては力として進展せず無と同じこととなり、悪のみにてもまた同様である。故に神は悪を除かんとは為し給わず、悪を悪として正しく生かさんと為し給うのである。何故ならば、悪もまた神の御力の現われの一面なるが故である。悪を除いて善ばかりの世となさんとするは、地上的物質的の方向、法則下に、すべてをはめんとなす限られたる科学的平面的行為であって、その行為こそ、悪そのものである。この一点に、地上人の共通する誤りたる想念が存在する。（中略）

霊に属するものは常に上位に位し、体に属するものは、常に下位に属するのであるが、体的歓喜と霊的歓喜の軽重の差はない。しかし、差のない立場において差をつくり出さねば、力を生み出すことは出来ず、弥栄はあり得ない。すなわち善をつくり力を生み出すところに悪の御用がある。動きがあるが故に、反動があり、そこに力が生まれて来る。

（第十七巻「地震の巻」第九帖）

右の帖文の後半に「**差のない立場において差をつくり出さねば、力を生み出すことは出来ず、弥栄はあり得ない。すなわち善をつくり力を生み出すところに悪の御用がある。動きがあるが故に、反動があり、そこに力が生まれて来る**」とあるが、これが「悪（の御用）」が存在する根本的理由である。

私流に表現すれば「悪（の御用）」とは「神の御力」の一つであって、それ自体が「反動（反面教師）」となって、新たな「善」を生むための「力」を創出するものである。つまり「悪の御用」が働かなければ神仕組は進展せず、「ミロクの世」が到来することもないということなのである。

以上、復習を兼ねて「悪」について述べて来た。本帖では「善と悪」ではなく「正しいもの

（正）と正しくないもの（不正）」の対比で述べられているが、本質は全く同じことであり、詰まる所「善悪二元論」そのものである。これを分かり易く纏めれば次のようになるだろう。

・人間が「正しい（正）」とするもの　　↓正、善、愛、真、美、光、義……
・人間が「正しくない（不正）」とするもの　↓邪、悪、憎、偽、醜、闇、奸……

人間はどうしてもこのように分けなければ気が済まないようである。勿論「分ける」こと自体は構わないが、その結果、「正しくないもの」を排除すれば「正しいもの」だけが残ると決めつけて（信じ込んで）しまったことが最大の間違いであったのだ。

●マコトの衣、マコトの心、マコトの肉体

次に本帖の**「正とか不正とか申す平面的衣」**とあることについては、前述の帖（第十七巻「地震の巻」第九帖）に**「悪を除いて善ばかりの世となさんとするは、地上的物質的の方向、法則に、すべてをはめんとなす限られたる科学的平面的行為であって、その行為こそ、悪そのものである」**と示されたことと同じ趣旨である。

つまり「平面的衣」と「限られたる科学的平面的行為」は同義であって、「その行為こそ、悪そのもの」なのである。

従って、そのような「平面的衣」を脱いで、「**マコトを衣として下されよ**」と神は説いているのである。「「平面的衣」とは「正しいもの（正）と正しくないもの（不正）」に分けてしまうことであったから、「マコトの衣」はそのように分けることではなく、反対に「両者を和す（結ぶ）」ことでなければならない。

先の神示（第二十三巻「海の巻」第五帖）には「**悪抱《いだ》きませ善も抱き、あななう所に御力《みちから》の、輝く時ぞ来たるなり**」と示されているが、「マコトの衣」とは正にこのことを指しているのである。すなわち「善も悪も共に抱き参らせる」ことと同義である（なお「あななう」とは「助けること、支える」というような意味である）。

そして「マコトの衣」に着替えるためには「**心がマコトとなりなりて、マコトの肉体とならねばならん**」と示されているから、そのように成り行く順序は「マコトの心」→「マコトの体」→「マコトの衣」となることが分かる。

つまり「心」→「体」→「衣」の順序を経て顕現するものが真の「マコト」だということになる。このことは「マコト」が「内」から発して「外」に向けて働くということであって、「心で発し」、「体が動き」、「衣を着る（外に働きかける）」というようなプロセスを経ると説いているのである。

最後の「**マコトとは数《かず》ぢゃ、言《こと》ぢゃ、色ぢゃ、その配列、順序、法則ぞ**」とはどのように解釈すればよいだろうか？　文意的には「マコト」＝「数《かず》、言《こと》、色とその配列、順序、法則」と読み取れるが、これについては「数＝数霊」、「言＝言霊」、「色＝色霊」と捉えられ、いずれも「世の元の大神」様が三千世界を創造される時に用いられた神力を指していると思われる。それぞれの神力の「配列、順序、法則」が大神様の御意志に従って正しく働くことが「マコト」なのである。

以上のように、日月神示が述べる「マコト」には色々な要素が含まれているが、究極の所は「世の元の大神」様に帰結するのである。

●岡本天明も「自分は正しいから周りが従うべきだ」と信じていた

ところで「**正しくないものが正しい方に従わねばならんと人民申して御座る**」という帖文には「人民申して御座る」とあるので、あくまで「人民」について述べたものであることはハッキリしているが、面白いことに補巻「月光の巻」の中に、ほとんど同じ内容の帖文が岡本天明に宛てて降ろされているので、参考のため挙げておこう。

> そなたは自分は悪くないが周囲がよくないのだ、自分は正しい信仰をしているのだから、家族も知友も反対する理由はない、自分は正しいが他が正しくないのだから、正しくない方が正しい方へ従って来るべきだと申しているが、内にあるから外から近寄るのだと申してあろうが。
>
> （補巻「月光の巻」第五十二帖）

このように「月光の巻」によれば、岡本天明でさえも「正しい、正しくない」という観念に囚われていたことが示されているのである。

ここで注目すべきは「**内にあるから外から近寄る**」という指摘である。この意味は、「自分は正しい」と強く思い込むことの裏には、同等のエネルギーで「他は正しくない」という思い込みが存在しているため、その思い込みの波動が自分の外にある同じような想念波動を引き寄せる、ということだと考えられる。

卑近な例で言えば、蛇が嫌いな者ほど蛇をよく見るという話があるが、これとよく似ている。蛇を嫌いな者が蛇を見たくないというのは当然の感情だが、しかし嫌いと言いつつ「蛇」に対しては強い思念エネルギーを発しているのであるから、その思念が蛇を引き寄せると考えれば「蛇をよく見る」ことが納得出来るではないか。

この意味で「内にあるから外から近寄る」とは至言であると思う。

第十五帖

右の頬を打たれたら左の頬を出せよ、それが無抵抗で平和の元ぢゃと申しているが、その心根《こころね》をよく洗って見つめよ、それは無抵抗ではないぞ、打たれるようなものを心の中に持っているから打たれるのぞ。マコトに居れば相手が手を振り上げても打つことは出来ん、よく聞き分けて下されよ。笑って来る赤子の無邪気は打たれんであろうが、これが無抵抗ぞ。世界一家天下泰平ぢや、左の頬を出す愚かさをやめて下されよ。

〈考察〉

●形式的な無抵抗主義では平和にならない

「**右の頬を打たれたら左の頬を出せよ**」とは、イエス・キリストが説いたと言われる有名な教えであって、新約聖書の「マタイによる福音書」に載っているものである。多くの人々はこのような「**無抵抗（非暴力）が平和の元**」だと信じているようであるが、日月神示はこれを真っ向から否定し、それは真実の「無抵抗」ではないと断言している。

その理由は「**その心根《こころね》をよく洗って見つめよ、それは無抵抗ではないぞ、打たれるようなものを心の中に持っているから打たれるのぞ**」と示されている。「（相手に）打たれるようなもの」とは「（相手を）打つようなもの」と裏表であり、前帖に登場した「**内にあるから外から近寄る**」（補巻「月光の巻」第五十三帖）の関係と同じである。

つまり、「(相手に)打たれる」ことは、自分の心の中に「(相手を)打ってやる」という思念が同時に存在していて、それが相手のパンチを引き寄せることになる、と説いているのである。このような心根であれば、相手に右の頬を打たれた場合、その時は我慢して形式的に左の頬を出したとしても、心の中に残るのは「復讐心」であり「今にみていろ、倍返しだ!」の気持ちだけであろう。

真の無抵抗は「心の中に打たれるようなもの」がないことによって成立する。逆に言えば「心の中に相手を打とうという気持ちが全くない」ことである。本帖では、そのような心根を「**マコトに居る**」と表現している(ここでも「マコト」が登場している)。

さらに、その最も分かり易い例として「赤子」を引き合いに出し、「**笑って来る赤子の無邪気は打たれんであろうが**」と説いているのである。

「赤子」の本質については、拙著『秘義編 [日月神示] 神仕組のすべて』(ヒカルランド)において詳述しているが、ポイントは生まれ落ちてから「自我」が芽生えるまでの赤子は「小さな神」であり、完全に「霊主体従」の存在だということである。

「赤子」が真の無抵抗だと言うのは、単に体が未成熟で力がないということではなく、「霊主体従の神人」であるからなのだ。

全ての人間がこのようになれば、文字通り「**世界一家天下泰平**」であるが、残念ながらそれは来るべき「ミロクの世」に持ち越されることになる。

今の人民はほとんど全てが「体主霊従」であるから、そのような状態で「**左の頬を出す**」ことは「**愚かなこと**」であって、「**それをやめて下されよ**」と神は仰っているのだ。

●本帖と同じものが「月光の巻」で天明個人に降ろされている

本帖の考察は以上であるが、実は度々引き合いに出している補巻「月光の巻」の中に、本帖と全く同じ内容のピース（帖文の中の一部）が降ろされている。本帖との違いは、本帖が一般の人民を対象にしていると読めることに対して、「月光の巻」は「そなた」という代名詞が使われており、明らかに岡本天明に宛てたものだという点である。次にそのピースを示すので、よく味わって頂きたい。

そなたは無抵抗主義が平和の基《もと》だと申して、右の頬を打たれたら左の頬を差し出して御座るなれど、それは真の無抵抗ではないぞ。よく聞きなされ、打たれるようなものをそなたが持っているからこそ、打たれる結果となるのぢゃ。マコトに磨けたら、マコトに相手を愛していたならば、打たれるような雰囲気は生れないのであるぞ。頬を打たれて下さるなよ。生まれ赤児見よと知らしてあろうが。

（補巻「月光の巻」第五十三帖）

如何であろうか？　右の帖文と本帖は全く同じと言ってよいほど似ていることがお分かりだろう。このように天明もまた神理を模索しつつ、「マコトの道」を歩むために散々苦労していたのである。

第十六帖

頭下げて低うなって見なされよ、必ず高い所から流れて来るぞ。高くとまっているから流れて来んのぢゃ、神の恵みは水のように淡々として低きに流れて来るぞ、自分が自分に騙《だま》されんように心して下されよ、善悪を決めて苦しんで御座るぞ。世界の片端《かたはし》、浜辺からいよいよが起こって来たぞ。夜明け近づいたぞ。

〈考察〉

●神理を理解するには謙虚にならなければならない

「極《きわ》め之巻」には補巻「月光の巻」と同じような内容の神示が幾つも降ろされていることは既に見て来た通りであるが、本帖もまたその例に漏れないものである。

私は本帖冒頭の「**頭下げて……**」を読んだ時、一瞬、これと同じ書き出しが「月光の巻」にもあったはずだという記憶が甦った。確認して見たところ正にドンピシャリ、「月光の巻」第五十四帖であった。

日月神示は神典であって、重要な神仕組についてはあちこちに分散され、必要の都度、何度も降ろされているから特に驚くことではないが、「月光の巻」は何度も述べているように、岡本天明に宛てて降ろされた「個人的な神示」と言い得るものだ。

「月光の巻（全六十二帖）」が降ろされたのは昭和33年12月25日から昭和34年3月2日までの2ヶ月ちょっとの期間であり、「極《きわ》め之巻」を含む「五十黙示録（全七巻）」は昭和36年5月5日から昭和36年9月1日までの4ヶ月弱の期間で降ろされている。大雑把に言って、「月光の巻」は「五十黙示録」より2年以上早く降ろされていることが分かる。

つまり神は、最初に岡本天明に対して「個人的な神示」と言える「月光の巻」を降ろし、その後2年と少し経ってから「五十黙示録」を降ろしたのであるが、この中に「月光の巻」と同様の内容のものが「一般の人民」に対しても降ろされていると整理出来るのである。

このように「個人的な神示」とほとんど同じ内容が二度も降ろされることは、天明だけではなく一般の人民の「身魂磨き」にとっても極めて重要なことに違いないからである。

では本帖と同じ内容を含む「月光の巻」第五十四帖をご覧頂きたいと思う。第五十四帖はかなりの長文であるが、それだけ詳細に書かれていて理解し易くなっている（ただし一部の内容は独自のものであり、全てが同じという訳ではない）。

頭を下げて見なされ、流れて来るぞ。頭も下げず低くならんでいては流れては来ないぞ。

神の恵みは淡々とした水のようなものぞ。そなたは頭が高いぞ。天狗ぞ。その鼻曲げて自分のにおいを嗅《か》いで見るがよい。そなたは左に傾いているぞ。左を見なければならんが、片寄って歩いてはならんぞ。そなたは右を歩きながら、それを中道と思って御座るぞ。そなたは平面上を行っているから、中道のつもりで、他に中行く道はないと信じているが、それでは足らんのぅ。立体の道を早う悟りなされよ。正中の大道あるのであるぞ。左でもなく右でもなく、嬉し嬉しの道あるぞ。左も右も上も下も相対の結果の世界ぢゃ。原因の世界に入らねばならん。平面より見れば相対あるなれど、立体に入りさらに復立体、復々立体、立立体の世界を知らねばならんぞ。相対では争いぢゃ。戦《いくさ》ぢゃ。真の世界平和は今のやり方考え方では成就せんぞ。三千世界和平から出発せねばならんぞ。そなたは神示をよく読んでいるが、それだけでは足らん。神示を肚《はら》に入れねばならん。付け焼刃《やきば》ではならん。神示を血とし生活とすれば、何事も思う通りスラリスラリと面白いほど栄えて来るぞ。思うように運ばなかったら省みよ。己《おのれ》が己に騙されて、己のためのみに為していることに気づかんのか。それが善であっても、己のためのみならば死し、全のための善ならば弥栄えるぞ。善にも外道の善あるぞ。心せよ。神示見て居らぬとビックリが出てくるぞ。この世始まってないことが出てくるのぢゃ、世界の片端浜辺《かたはしはまべ》からぞ。わかりたか。そなたは神体を偶像と申して御座るが、それはそなた自身が偶像なるが故であるぞ。礼拝を忘れ、祈りを忘れることは神を忘れることぢゃ。そなたの住む段階では、祈り畏《かしこ》み謹《つつし》んで実践しなければならんぞ。拝まんでも拝んでいる境地はなかなかぢゃなあ。そなたは我《われ》が助かろうとするから助からんのぢゃ。世界はこの世ばかりではないことを、よく得心して下されよ。我《が》をすてて素直になされよ。三千年の秋《とき》が来ているのであるぞ。

（補巻「月光の巻」第五十四帖）

まず本帖（第十六帖）の最初の部分、「**頭下げて低うなって見なされよ、必ず高い所から流れて来るぞ。高くとまっているから流れて来んのぢゃ、神の恵みは水のように淡々として低きに流れて来るぞ**」は、神理を理解するには「謙虚」にならなければならないということである。

このことは一般論としてもよく理解出来ることだ。

一方「月光の巻」第五十四帖では、「**そなたは頭が高いぞ。天狗ぞ。その鼻曲げて自分のにおいを嗅《か》いで見るがよい。そなたは左に傾いているぞ。左を見なければならんが、片寄って歩いてはならんぞ。そなたは右を歩きながら、それを中道と思って御座るぞ。そなたは平面上を行っているから、中道のつもりで、他に中行く道はないと信じているが、それでは足らんのぅ。立体の道を早う悟りなされよ。正中の大道あるのであるぞ。左でもなく右でもなく、嬉し嬉し**

の道あるぞ」とかなり詳細に示されている。
「そなた」とは天明のことであるから、天明本人は「天狗」になっており、「中道」を歩んでいるつもりが実は「左」や「右」に傾いて歩いていると厳しい指摘をされていることがよく分かる。

何れにしろ、日月神示を信じて神の道を歩もうとしている者にとっては、岡本天明がそうであったように、神に対して「謙虚」になることは非常に難しいテーマのようである。おそらく「謙虚」になっているつもりが、神の目から見ればそうなってはいないということなのであろう。心すべきことである。

●無自覚のうちに自分が自分に騙される

次に本帖では「**自分が自分に騙《だま》されんように心して下されよ、善悪を決めて苦しんで御座るぞ**」とごく簡単に示されているが、「月光の巻」の方は遥かに具体的である。

「**神示を肚《はら》に入れねばならん。付け焼刃《やきば》ではならん。神示を血とし生活とすれば、何事も思う通りスラリスラリと面白いほど栄えて来るぞ。思うように運ばなかったら省みよ。己《おのれ》が己に騙**

されて、己のためのみに為していることに気づかんのか。それが善であっても、己のためのみならば死し、全のための善ならば弥栄えるぞ。善にも外道の善あるぞ。心せよ。神示見て居らぬとビックリが出てくるぞ」と示されているように、「自分が自分に騙される」のは「神示がしっかりと肚《はら》に入っていない」ためであるとし、これを「付け焼刃《やきば》」と呼んでいるのだ。

私の経験から言っても、神示をほんの少しかじった程度で凄い神理を理解したと「天狗」になり、自分は神の道（中道）を歩んでいると「自分で自分を騙して」いる者を何人も見て来ている。「自分が自分を騙す」とは、本人が意識的にそうしている訳ではなく、無自覚のうちにそうなっていると考えなければならない。

このようになってしまう原因は「自我」が「真我」に優越しているからであって、これを「体主霊従」と言うのである。「体主霊従」は「我れ善し」であるから、何事も自分が一番有利になる（得をする）ことを優先するが、それが「正しいこと、善いこと」であると無条件で思い込んでいるから「自分が自分を騙す」結果となるのだ。

●「世界の片端浜辺《かたはしはまべ》」で何が起こるのか？

さて、本帖最後の「世界の片端《かたはし》、浜辺からいよいよが起こって来たぞ。夜明け近づいたぞ」に移ろう。正直な所、この部分の解釈は難解かつ複雑であって、一筋縄では行かないようだ。まずこれと同様の帖文（ピース）は、私が調べた限りでは三箇所あるので、まずそれらを見てみよう。説明の都合上1～3の番号を付しているが、本帖（第十六帖）に書かれているピースは「3」である。

1　世界の片端浜辺《かたはしはまべ》から愈々《いよいよ》が始まると知らしてあること近うなりたぞ、くどいようなれど、さっぱり洗濯してくれよ、〇の国は〇のやり方でないと治まらんから、今までの法《はっ》度《と》からコトから、やり方変えて、今まではやり方違っていたから、〇のお道通りに致しますと心からお詫びせねば、するまで苦しむのざぞ、その苦しみは筆にも口にもないようなことに、臣民の心次第でなるのざから、くどう申しているのざぞ。

（第八巻「磐戸の巻」第十三帖、昭和20年1月13日）

2　この世始まってないことが出て来るのぢゃ、世界の片端浜辺《かたはしはまべ》からぞ。

（補巻「月光の巻」第五十四帖、昭和34年降下、ただし月日は不詳）

（五十黙示録第五巻「極《きわ》め之巻」第十六帖、昭和36年8月5日）

3　世界の片端《かたはし》、浜辺からいよいよが起こって来たぞ。夜明け近づいたぞ。

右の「1」～「3」のいずれにも「**世界の片端浜辺**《かたはしはまべ》」という言葉が含まれているが、これは何処かの場所を指していることは間違いないと思われる。そしてそこに「何かが起きる」という一種の預言のようでもある。

しかも「**愈々**《いよいよ》**が始まる**（1）」とか「**この世始まってないことが出て来る**（2）」、そして「**夜明け近づいたぞ**（3）」とあるから、ただ事でないことは確かなようだ。難問ではあるが、解読に挑戦して見よう。

まず「世界の片端浜辺《かたはしはまべ》」とは何処のことであろうか？　結論から申せば、私は「日本」のことだと考えている。「世界の片端」とは「世界の外れ」のことであるから、アジア大陸の外れでその東方海上にある日本の地理的状況がピタリと一致する。まずこれが一つ。

また「浜辺」とは、国土の全て（全周）に浜辺がある国と考えることが出来るから、これも日本列島に合致する。つまり大陸にくっ付いていない国と捉える訳である。これが二つ目。そしてもう一つは神仕組上の理由からであり、重大な神仕組が発動する場所は「神国日本」以外には考えられないからである。

これら三つの理由から「世界の片端浜辺《かたはしはまべ》」とは「神国日本」のことだと解釈している。

では神国日本に何が起こるのであろうか？　多くの者は「何か」は「一回（だけ）」起こると考えているようであり、また場所が「浜辺」であることから、その正体は「巨大津波」の襲来ではないか？　と考えているようである。確かに「3・11東日本大震災」が発生していることから、事実に裏付けられた説得力はあるし、私も否定はしない。

ただ「1」〜「3」の神示をよく見ると、起こるのが「一回」だけとは思われず、私は二回（或いはそれ以上）あると見ている。また「津波」以外の選択肢も考えられるのである。その理由を説明しよう。

「1」には「**世界の片端浜辺《かたはしはまべ》から愈々《いよいよ》が始まると知らしてあること近うなりたぞ**」とあって、「何かが始まることが近くなった」と明記されている。「1」が降ろされたのは昭和20年1月であるから、大東亜戦争の末期で日本が敗戦に向かって坂道を転がり落ちていた時期である。この時に「愈々《いよいよ》が始まることが近くなった」と言われてピンと来るのは何だろうか？

そう、それは原爆投下と大東亜戦争の敗戦による「**岩戸開きのはじめの幕あけ**」であり、「**てんし様の復活**」である（第十二巻「夜明けの巻」第九帖、十一帖参照）。私にはこれしか考えられない。

「1」にはさらに「**くどいようなれど、さっぱり洗濯してくれよ、⦿の国は⦿のやり方でないと治まらんから、今までの法度《はっと》からコトから、やり方変えて、今まではやり方違っていたから……**」と示されていることが注目される。

「さっぱり洗濯してくれよ」とか「⦿の国は⦿のやりかたでないと治まらん」と示されているのは、それまでの「体主霊従」から「霊主体従」の日本に生まれ変わることを意味しているから、前述の「岩戸開きのはじめの幕あけ」と「てんし様復活」は完全に合致するのである。

これが私の「1」に関する解き方である。

では「2」と「3」はどうか？　と言えば、私は「1」とは異なる「何か」であると考えている。その根拠は二つあって、一つは「1」と「2・3」が降ろされた時期が大きく空《あ》いていることに関係がある。「1」が降ろされたのは昭和20年1月、「2」は昭和34年、そして「3」は昭和36年5月であるから、「1」と「2・3」の間には14〜16年もの開きがあるのだ。

その上、「1」は前述した通り、原爆投下と敗戦による日本の「はじめの幕あけ」であり、同じ時期に「てんし様」が復活したことを指していると解釈されるから、その14〜16年後に降ろされた「2・3」にとっては完全に過去の話になってしまうのである。従って同じ「片端浜辺」でも、「1」と「2・3」では意味が異なると考えられるのだ。

そしてもう一つは「2」と「3」の「書きっぷり」からの判断である。「2」では「**この世始まってないことが出て来るのぢゃ**」と示されているから、途方もない「何か」が起こることが予想される。

また「3」では「**夜明け近づいたぞ**」とあるが、実は日本の「最初の夜明け（はじめの幕あけ）」は原爆と敗戦によって成就しているので、「3」が述べる「夜明け」とは次の、、、段階の夜明けであると解される。

では「次の段階の夜明けとなるこの世始まってない何か」の正体は？　と言うことになるが、これは神国日本で起こることが一つの考慮要因となる。「浜辺」を重視するなら、この世始まってなかったほどの大津波が日本を襲うと解釈し、「３・11」の時の大津波が該当すると主張する者もいるであろう。この時の人的・物質的な被害は極めて甚大であったが、これを反面教師（悪の御用）として多くの日本人が霊的に覚醒し、本来の大和魂・日本精神を取り戻したことを重く見れば、有力な解釈例ではある。

と言うのも、「ミロクの世」が到来する前には、そのために必要な一定以上の数の日本人が霊的に覚醒することが必須条件だからであり、「３・11」は霊的な意味で確かにその役割を果たしたと言えるからだ。

ただこの解釈の問題点は、「３・11」の発生は２０１１年3月であることに対して、「２」の降下は昭和34年（１９５９年）、「３」の降下は昭和36年（１９６１年）であるから、この間、実に50年以上も経過していることである。

50年以上も経過しているのに「(夜明け) 近づいたぞ」と言うのは、人間心では少し無理があるようにも思われる所だが、しかし神仕組みそのものが神話時代を含む太古の昔から今日まで連綿と続いていることを考えるならば、神の目に五十年位は指呼《しこ》の間と言えるのではないだろうか？

また大津波が一回だけとは限らないとすれば、近い将来「3・11」を遥かに上回る「超巨大津波」が襲来する可能性も視野に入れておくべきだろう。この場合は当然のこととして、それを引き起こす海底の「超巨大地震」も想定しておかなければならない。

またもう一つの見方として、「夜明け」を重視すれば、日本が「ミロクの世」への入り口に入ったことを指している可能性もある。これは私の独自解釈であるが、私は2016年に現在の上皇陛下が平成の天皇であられた時に発せられた「**生前ご譲位のお気持ち**」によって、2019年5月に「令和」新時代に入ったことを「ミロクの世」の入り口に入ったと捉えている。故にこのことは「**(次の段階の)夜明け**」に相応しいと考えることが出来るのではないだろうか？

このように現段階では、「2」と「3」の神示について二つの見方を採っているが、どちらが正しいか？　という議論は「予言の当たり外れ」と同じで、あまり意味がないと思うのでそれは置いておく。ひょっとして両方の解釈が該当することもあり得るし、全く別の「何か」かも知れない。

第十七帖

今までの逃《のが》れ場所は山であったが、今度は山に逃げても駄目、神の御旨《みむね》の中であるぞ、山に移りて海に入れよと申してあろう、今度のことぞ。

〈考察〉

●今度は山に逃げても助からない！「立て替えの大峠」の第二段階か？

この短い帖は謎めいている。本帖だけを単品で読んだだけでは、ほとんど意味が採れないのではないだろうか？　私は前帖に登場した「世界の片端浜辺」の解釈の一つとして、日本を襲う「巨大津波」の可能性に言及したが、このことを前提として本帖を読めば話が繋がるように思う。

以下、ここでは「大津波」が襲来することを前提として考察を進める。

津波が襲来した時の逃げ場所は「高い所」と相場が決まっているから、本帖冒頭の「**今までの逃《のが》れ場所は山であった**」は全くその通りである。しかし「**今度は山に逃げても駄目**」と冷酷に示されているように、「今度の津波」はこれまでのようなモノとは比べ物にならないほど巨大であることが示唆されている。おそらく「3・11」を遥かに凌駕する（SFパニック映画で見るような）規模なのだろう。

本帖の後半に「**山に移りて海に入れよと申してあろう**」とあるが、この意味は津波が襲って来たら人々は必ず「山（高所）に移る」が、しかし結局はその山（高所）も津波に飲み込まれる（海に入る）ことを覚悟せよ、ということであると思われる。

端的に言えば、山へ逃げても助からない規模のとんでもない大津波が襲来する、ということであり、もっと言えば「逃げ場所はない。皆死ぬ！」ということでもある。勿論、本帖にそこまでハッキリと書かれている訳ではないが、客観的に判断すればそのように読めることに誰も異論はないはずである。

物騒なことを書いているように思われるかも知れないが、この巨大な津波は「立て替えの大峠」の第二段階「超天変地異」の様相の一つであると考えれば何の矛盾もない。「立て替えの大峠」の第二段階は、私の仮説では「ポールシフトによる地球の南北逆転」が起こると見ているが、これによって地球規模の大災害が発生し、全人類は一旦肉体死に陥ることになる。

本帖の巨大津波はその様相の一端を述べたものと考えられるが、津波が起きるためには海底の地殻で地震が発生しなければならないから、本帖の行間にはそのような「大地震」或いはこれに伴う「火山噴火」などの災害も秘められていると見なければならない。

ここで「立て替えの大峠」が登場したので、これについて降ろされている神示を見ておこう。以前取り上げたものだが、復習を兼ねてよくご覧頂きたい。

富士を目ざして攻め寄する、大船小船、天《あめ》の船、赤鬼青鬼黒鬼や、大蛇《おろち》、悪狐《あくこ》を先陣に、寄せ来る敵は空蔽《おお》い、海を埋《うず》めてたちまちに、天日《てんじつ》暗くなりにけり、折りしもあれや日の国に、一つの光現われぬ、これこそ救いの大神と、救い求むる人々の、目に映れるは何事ぞ、攻め来る敵の大将の、大き光と呼応して、一度にどっと雨降らす、火の雨なんぞたまるべき、まことの〇はなきものか、これはたまらぬともかくも、生命《いのち》あっての物種《ものだね》と、兜を脱がんとするものの、次から次にあらわれぬ、折りしもあれや時ならぬ、大風起こり雨来たり、大海原には竜巻や、やがて火の雨地震《つちふる》い、山は火を吹きどよめきて、さしもの敵も悉《ことごと》く、この世の外《ほか》にと失《う》せにけり、風やみ雨も収まりて、山川鎮まり国土《くにつち》の、ところどころに白衣《しろぎぬ》の、⊙の息吹に甦る、御民《みたみ》の顔の白き色、岩戸ひらけぬしみじみと、大空仰ぎ⊙を拝み、地に跪《ひざまず》き御民らの、目にすがすがし富士の山、富士は晴れたり日本晴れ、富士は晴れたり岩戸あけたり。

（第三巻「富士の巻」第二十四帖）

右の帖は「立替えの大峠」の総論に当たるものと捉えられるが、ここには三つの段階が示されている。纏めれば次のようになる。

◎日本壊滅の危機

日本が世界中から攻められる。日本を裏切る者も出て壊滅寸前まで追い詰められる。

◎超天変地異の襲来

暴風雨、竜巻、地震、火山爆発などの天変地異が生起し、敵は全て一掃される。

◎神人の甦《よみがえ》り

神の息吹によって神人が甦《よみがえ》る。新しい地に跪《ひざまず》き日本晴れの富士を仰ぎ見る。

最後の段階は「神人が甦《よみがえ》る」とあるが、「甦る」ためには「一度死ぬ」ことが前提になる。第二段階の「超天変地異」はこのために襲来すると考えなければならない。またこれについては、次の神示にもハッキリと示されている。

一時は天も地も一つにまぜまぜにするのざから、人一人も生きてはおられんのざぞ、それが済んでから、身魂磨けた臣民ばかり、㋡が拾い上げてミロクの世の臣民とするのぞ、どこへ逃げても逃げ所ないと申してあろがな

(第三巻「富士の巻」第十九帖)

右の帖文には「**一時は天も地も一つにまぜまぜにするのざから、人一人も生きてはおられんのざぞ**」と示されているが、これは明らかに「立て替えの大峠」の第二段階(超天変地異)に相当するものだ。同様に「**それが済んでから、身魂磨けた臣民ばかり、㋡が拾い上げてミロクの世の臣民とするのぞ**」は第三段階(神人の甦り)に相当する。

しかも「**どこへ逃げても逃げ所ない**」と断言されているのだから、一人の例外もないことが分かるのである。

ここまで来れば、本帖（第十七帖）の真意が見えて来る。日本（と世界）に巨大津波が襲来するのは「立て替えの大峠」の様相の一つであり、これによって多くの人々が亡くなることになるが、それは「新しい世界（＝ミロクの世）」に次元上昇するための前段階であるということだ。

そしてもう一つ、全人類が一旦「肉体死」しなければならない理由がある。それは次元上昇後の新世界が今の物質世界とは質的に異なる「**半霊半物質**」の世界であるからだ。つまり、今の肉体のまま行ける世界ではないということである。次の神示を見れば明らかなことだ。

半霊半物質の世界に移行するのであるから、半霊半物の肉体とならねばならん、（中略）原爆も水爆もビクともしない肉体になれるのであるぞ

（五十黙示録　第七巻「五葉之巻《ごよう》」第十六帖）

●助かる道は神の御旨《みむね》の中

では本帖（第十七帖）に戻って「**今度は山に逃げても駄目、神の御旨《みむね》の中であるぞ**」について考えて見よう。この意味は「今度は山に逃げても助からない、助かる道は神の御旨の中であるぞ」ということであるが、ポイントは「神の御旨」が何を意味しているのか？であろう。

ここで「助かる」とは「肉体死」を免れるなどという人間にとって都合のよい意味ではなく、新世界に次元上昇して「神人」として甦るという霊的な意味である。

では、そのための最重要事項は何かと言えば、それは「身魂磨き」であり、その深化である。これまで何度もしつこいほど言って来たしこれからも言うが、本当に「身魂磨き（の深化）」、これしかないのである。

（私を含めて）「あなた」が助かる道は「身魂磨き」に精進することだけであり、これが「神の御旨の中」に入るためのただ一つの要諦なのである。

本帖最後の「**今度のことぞ**」については説明不要であろう。「今度」なのである。

第十八帖

この神示は、神と竜神と天人天使と人民たちに与えてあるのぢゃ。天界での出来事は必ず地上に写りて来るのであるが、それを受け入れる、その時の地上の状態によって、早くもなれば遅くもなり、時によっては順序も違うのであるぞ、人民は近目であるからいろいろと申すなれど、広い高い立場で永遠の目でよく見極めて下されよ。寸分の間違いもないのであるぞ、これが間違ったら宇宙は粉微塵《こなみじん》、神はないのであるぞ。

〈考察〉

●この神示は三千世界全ての住人に与えている

此度の「岩戸開き」は三千世界全体に及ぶものであって、地上世界だけが対象ではないことは、何度も述べて来た。本帖冒頭の「**この神示は、神と竜神と天人天使と人民たちに与えてあるのぢゃ**」は、正にこのことの反映であって、我々が拝読している『日月神示』と同様の内容が、全ての世界の住人に対して示されているという意味に採れる。**「神、竜神、天人、天使」**という区分された表現は、おそらく「神格」の順を反映したものであると思われる。

なお、この部分と類似した内容が「極《きわ》め之巻」第十帖にも降ろされているので、復習を兼ねて次に挙げておこう。

神示に出したら天明に書かすのであるぞと知らしてあろう、神示はいくらでも神界に出してあるのぢゃ、神が想念したならば、神界ではそれが神示となっているのぢゃ、それを人民にわかるように書かすのぢゃ。父と母との文字で書かすのであるぞ、天明は神示うつす役、書かす御役。

（「極《きわ》め之巻」第十帖）

この帖では、**「神が想念したならば、神界ではそれが神示となっている」**と示されていることが大きな特徴である。これに対して、地上世界ではどうしても神示を**「人民にわかるように書かす」**必要があるので、それが天明に与えられた役割であると示されているのである。

●天界からの移写は地上世界の状態によって早くも遅くも逆にもなる

次に「**天界での出来事は必ず地上に写りて来る**」とあるが、これは神仕組が地上世界に顕現する基本的な仕組みを述べたものであり、これが人間の言葉となって伝えられたものが「預言」ということになる。この意味で日月神示も「預言（書）」ということが出来る。

ここで大事なことは「**写る**」と示されていることである。つまり基本は霊的な上位世界の出来事が下位世界に写真のように移写されるということだが、最下層、最下位の世界である地上世界では100%そっくりそのままコピーのように移写されるということでは無い。

「**それを受け入れる、その時の地上の状態によって、早くもなれば遅くもなり、時によっては順序も違うのであるぞ**」と示されているように、「地上の状態」によっては早くもなれば遅くもなり、はたまた順序が入れ替わったりすることさえあるという。

ここでは「地上の状態」と一括りの言葉で説明されているが、その実態は「人間の自由意志とそれに基づく行動」の影響が最も大きいことは言うまでもない。何故なら、地上世界の主宰者は人間であって、人間の自由意志が最優先されるからだ。

これに加えて、地上世界だけが「時間と空間」によって絶対的な支配を受けていることも大きな要因であろう。天界にはそもそも時間も空間もなく、情態の変化があるだけであるから、天界と地上世界では法則が異なるのは当然である。天界の出来事が地上世界に移写する際には、時間と空間に支配される地上世界の法則によって、複雑な影響を受けることは容易に想像出来ることだ。

このことについては、第十七巻「地震の巻」にも次のように示されている。

地上には、地上の順序があり、法則がある。霊界には、霊界の順序があり、法則がある。霊界が原因の世界であるからといって、その秩序、法則を、そのまま地上にはうつし得ず、結果し得ないのである。また地上の約束を、そのまま霊界では行い得ない。

（第十七巻「地震の巻」第七帖）

また地上世界の現われが「早くも遅くもなる」ことについては、第二十四巻「黄金《こがね》の巻」にも関連事項が降ろされているので挙げておこう。

三千世界のことであるから、ちと早し遅しはあるぞ。少し遅れると人民は、神示は嘘ちゃと申すが、百年もつづけて嘘は言えんぞ。申さんぞ。

（第二十四巻「黄金《こがね》の巻」第五十九帖）

右の神示だけを読むと、「三千世界のことであるから、多少の計画のズレはあって当然」のように単純に思ってしまう所だが、その根本原因は地上世界の人民にあることが本帖（第十八帖）によって明らかにされた訳である。

原因は自分たちにあるのに、それには目を瞑《つむ》って文句だけを言うのが人民というもののようである。

●「未来決め付け論者」は「予言年表」を作りたがる

少し横道に入るが、日月神示を単なる「予言書」と捉えている者は、地上世界における神仕組は神によって完璧に構築構成されているはずだから、何がいつ何処で起こるのかについても全てが決定済みであると考えているようである。このような者を「未来決め付け論者」と言ってもよいだろう。

このように思い込んでいる彼らは、日月神示を完全に解読すれば未来の正確な「予言年表」のようなものが得られると信じて、熱心に予言解読に取り組んでいるようである。インターネットで検索してみると、例えば「日月神示の時節を読む(解く)」のようなタイトルで投稿している者がかなり見受けられる。

しかし、である。このような者たちに水を差すようで申し訳ないが、本帖の趣旨をよく理解すれば、「予言解読」のような努力は的外れであることは自明であろう。

●神仕組は広く高く永遠の目で見極めよ

次に「**人民は近目であるからいろいろと申すなれど、広い高い立場で永遠の目でよく見極めて下されよ**」とあるのは人民に向けたもので、書いてある通りの意味である。「近目」とは「近視眼的」ということで、目の前のこと、差し迫ったこと、或いは細かいことだけに意識が向いて、全体像を見ようとしないことである。

「広い高い立場」とは空中から「鳥の目」のように全体を俯瞰《ふかん》的に見ることであるし、「永遠の目」とは時間的に先の先まで未来を考える（その努力をする）ことである。

このように「広い高い立場」と「永遠の目」で見た時、神仕組の本質が理解出来るのであり、本帖ではこのことを、「**寸分の間違いもないのであるぞ、これが間違ったら宇宙は粉《こな》微塵《みじん》、神はないのであるぞ**」と結んでいるのである。

第十九帖

天人天使の行為が、人民に写るのであるなれど、人民の自由、能力の範囲における行為はまた逆に、天界に反映するのであるぞ、日本と唐（中国）と土地が違うように、日本人と唐人とは違う、天界の写り方も違うのであるぞ。同じ日本人でも時と所によって違う。肌の細かい絹と、荒壁にうつる映画は、同じでも少しずつ違うようなもの、違ってうつるのがマコトであるぞ、同じ数でも１２３と一二三は違うのであるぞ、わかりて下されよ。新しき世界に進むこと大切ことぢゃ。

〈考察〉

●天界と地上界は「移写」と「逆写」の関係にある

本帖は直前の第十八帖の「続き」のような内容と性格を持つものである。前帖（第十八帖）では「天界」は地上世界の原因の世界である旨が述べられていたが、本帖の冒頭では「**天人天使の行為が、人民に写るのであるなれど、人民の自由、能力の範囲における行為はまた逆に、天界に反映するのであるぞ**」と示され、ほぼ逆の内容が述べられている。

これはつまり、天界の出来事が地上世界に移写すると言っても、単なる「一方通行」ではなく、逆に地上世界における人間の行為が天界に反映し、影響を及ぼすということである。

私は、天界から地上世界へ写ることを「移写」と呼んでいるが、その反対に地上世界から天界へと反映することを便宜的に「逆写」と呼んでいる。つまり、天界と地上世界は「移写」と「逆写」によって、相互に影響を与え合いそれが反映されるということであるから、この意味では「双方向」ということが出来る。

ただしこの場合でも、原因の世界は天界であるから、あくまで天界が「主」であり、地上世界は「従」の位にある。

このようにして天界の神仕組が地上世界に「移写」された場合、それが地上世界の行為によって「逆写」が生じるが、これが神仕組とズレているような場合は、天界において必要な修正が成される場合があり得る。

ただ神仕組の計画が修正されると言っても、目的地そのものが変更されることではなく、途中の経路やプロセスに関して細かい調整が成されるというイメージで捉えればよいと思われる。例えば、人工衛星や宇宙探査機などが正しい軌道を維持するために、時々エンジンを噴かして微修正を行うが如きである。

なお前帖でも述べたが、日月神示を「予言書」と捉え、地上世界の未来は完璧に決定済みである（はず）と決め付けている者は、いわば天界の出来事が一方的に地上世界へ「移写」するだけだと考えているから、このような者は「一方通行人間」とも言えるだろう。「逆写」を認めないことは、人間が持っている「自由意志」さえも放棄しているようなものである。

●日本と外国では「土地」が違う

本帖の残りの部分は、天界から地上世界への「移写」に関するやや詳細かつ具体的な説明である。

まず「**日本と唐（中国）と土地が違うように、日本人と唐人とは違う、天界の写り方も違うのであるぞ**」とある部分は、日本（人）と唐（人）とが比較される形で述べられているが、ここの真意は「日本（人）」と「外国（人）」という概念で捉えなければならない。この場合の「唐（人）」とは、外国（人）の代表として使われているのである。

何故なら、日月神示においては、日本だけが「神国」であって、日本以外の全ては皆「外国」であるからだ。地上世界ならば日本にとって中国は外国であり、中国から見れば日本が外国になるのは当然だが、霊的には絶対にこうはならないのである。

くどいようだが、霊的には日本だけが「神国」であって、他はすべて「外国」でしかないことをしっかり押さえておいて頂きたい。アメリカであろうと、中国であろうと、ロシアやインドであろうと、どこのどんな国から日本を見ても「外国」ではなく「神国」なのである。本帖において「**土地が違う**」とはこの意味で使われていると思われる。

復習を兼ねて、日本が神国であることを示す神示を幾つか例示しておこう。

日本の国はこの方の肉体であるぞ。国土《くにつち》拝《おろが》めと申してあろうがな

（第五巻「地つ巻」第三十五帖）

新しき世はあけているぞ。世明ければ闇はなくなるぞ。新しきカタはこの中からぞ。日本からぞ。日本よくならねば世界はよくならん。

（第二十七巻「春の巻」第四十二帖）

日本の国は世界の雛型《ひながた》であるぞ、雛型でないところは真の⦿の国でないから、よほど気つけておりてくれよ

（第五巻「地つ巻」第十七帖）

このように霊的な意味で、日本は特殊な国、特別な国なのである。世界の霊的中心であり、「てんし様」がおられる国であり、この方（＝国常立大神）の御肉体《おからだ》でもある。故に、日本が

よくならなければ世界はよくならない道理である。

このことを神文字「⦿」で表せば、「、」が日本であり「○」が外国に相当する。両者が結ばれれば世界は「⦿」つまり「ミロクの世」になるのは当然のことであり、これが「一厘の仕組」の真髄でもある。

●日本と外国では「人」も違う

その上で「**日本人と唐人とは違う、天界の写り方も違うのであるぞ**」について考えて行くことになるが、ここから先は多くの帖（やピース）の助けを借りなければ神意に至ることは出来ないため、少し本帖から離れた説明になることをご了承願いたい。

まず「日本人」と「外国人」の違いを明確に示している次の神示2例をしっかりとご覧頂きたい。


世の元からヒツグとミツグとあるぞ、ヒツグは⦿の系統ぞ。ミツグは○の系統ぞ。ヒツグはマコトの神の臣民ぞ。ミツグは外国の民ぞ。⦿と○と結びて一二三《ひふみ》となるのざから、外国人も神の子ざから、外国人も助けなならんと申してあろうがな。

（第一巻「上つ巻」第三十二帖）

ひつくとみつくの民《たみ》あると申してあろう。ひつくの民は神の光を愛の中に受け、みつくの民は智の中に受ける。愛の中に受けると直《ただ》ちに血となり、智に受けると直ちに神経に和してしまうのであるぞ。二つの民の流れ。

（第二十四巻「黄金《こがね》の巻」第九十二帖）

前者の神示では「**ヒツグ**」と「**ミツグ**」が登場しているが、全体の文意から次のように纏めることが出来るので、結局、ヒツグ＝日本人、ミツグ＝外国人という図式になる。

◎ヒツグ＝霊（ヒ）を継ぐ民＝⦿の系統＝マコトの神の臣民（日本人）

◎ミツグ＝身（ミ）を継ぐ民＝〇の系統＝外国の民（外国人）

また後者の神示では、「**ひつく**」と「**みつく**」の霊的属性が次のように示されている。

◎ひつくの民＝神の光を愛の中に受ける、それは直ちに血となる。

◎みつくの民 ＝ 神の光を智の中に受ける、それは直ちに神経と和す。

右の二つの神示によって、日本人（ヒツグ）と外国人（ミツグ）の違いが少し見えて来たが、これをさらに詳細に説いているのが「地震の巻」第一帖である。

（霊界では）神の歓喜を内的に受入れる霊人の群は無数にあり、これを日の霊人と云う。神の歓喜を外的に受入れる霊人の群も無数にあり、これを月の霊人と云う。月の霊人の喜びが、地上人として地上に生まれてくる場合が多い。日の霊人は、神の歓喜をその生命に吸い取るが故に、そのままにして神に抱かれ、神にとけ入り、直接、地上人として生まれ出ることは、極めてまれである。月の霊人は、神の歓喜をその智の中にうけ入れる。故に、神に接し得るのであるが、全面的には解け入らない。地上人は、この月の霊人の性をそのまま受け継いでいる場合が多い。日の霊人は、神の歓喜をそのまま自分の歓喜とするが故に、何等それについて疑いを持たない。月の霊人は、神の歓喜を歓喜として感じ、歓喜として受け入れるが故に、これを味わわんとし、批判的となる。ために、二義的の歓喜となる。故に日の霊人と月の霊人とは、同一線上には住み得ない。おのずから、別の世界を創りだすが故に、原則としては、互いに交通し得ないのである。

この神示では「**日の霊人**」と「**月の霊人**」という用語が登場し、一見、複雑になっているが、結論を先取りして申せば、「**日の霊人＝ヒツグ＝日本人**」であり、「**月の霊人＝ミツグ＝外国人**」という関係になる。このことを証明するために、「日の霊人」と「月の霊人」の霊的属性を纏めて見よう。次のようになる。

【日の霊人】
◎神の歓喜を内的に受入れる。
◎神の歓喜を自分の生命に吸い取り、神に抱かれ、神にとけ入る。神の歓喜をそのまま自分の歓喜とし、何等疑問を持たない。
◎直接地上人として生まれることは極めてまれである。

【月の霊人】
◎神の歓喜を外的に受入れる。
◎神の歓喜を智の中にうけ入れ、神に接し得るが全面的には解け入らない。神の歓喜を感じ受け入れる故に、これを味わわんとし、批判的となり、二義的な歓喜となる。

◎地上人として地上に生まれてくる場合が多く、地上人は月の霊人の性をそのまま受け継いでいることが多い。

ではここで、先に登場した「ひつくの民」と「みつくの民」の霊的属性をもう一度示すので、これと右の「日の霊人」と「月の霊人」の霊的属性を比べて見て頂きたい。

◎ひつくの民 ＝ 神の光を愛の中に受け、それは直ちに血となる。

◎みつくの民 ＝ 神の光を智の中に受け、それは直ちに神経と和す。

文章の長さや表現は異なるが、「ひつくの民」が「日の霊人」に対応し、そして「みつくの民」が「月の霊人」に対応していることには疑問の余地がない。異なる点があるとすれば、「日（月）の霊人」が「あの世の人」つまり霊界人であること、対する「ひつく（みつく）の民」が「この世の人」つまり肉体人ということだけであって、本質は変わるものではない。

以上の関係を纏めると、最終的に次のようになる。

◎日の霊人＝ひつく（ヒツグ）の民
＝霊（ヒ）を継ぐ民
＝ⓥの系統
＝マコトの神の臣民
＝日本人

◎月の霊人＝みつく（ミツグ）の民
＝身（ミ）を継ぐ民
＝〇の系統
＝外国の民
＝外国人

さて如何であろうか？　日月神示には本質的には同じ内容であっても、各巻各帖の文脈によって様々異なる用語や表現が散りばめられている。しかし表現は多様であっても、結果的に各ピースがイコールで結ばれ、最後には非常にシンプルな神理の全体像に収束することがお分かりだろう。

少し長くなったが、以上が「日本人」と「外国人」の本質的な違いである。つまり「天界の写り方」の違いとは、「日本人」と「外国人」の霊的属性の違いに由来するのである。

●違ってうつるのがマコト

では本帖に戻ると、次には「**同じ日本人でも時と所によって違う。肌の細かい絹と、荒壁にうつる映画は、同じでも少しずつ違うようなもの、違ってうつるのがマコトであるぞ、同じ数でも１２３と一二三は違うのであるぞ、わかりて下されよ**」とある。

この部分は、同じ日本人でも「天界のうつり方」が異なることを説いたもので、「時と所によって一様ではないことを示している。前述の「日の霊人の霊的属性」では、「神の歓喜を内的に受け入れる」とあったが、これはあくまで一般論であり、「受け入れ方（天界の写り方）」は個々人によって違いがあるのだ。

これは考えて見れば当たり前のことで、全ての日本人が全く同じ受け入れ方をするということは常識的にもあり得ない。この違いを「肌の細かい絹と、荒壁にうつる映画は同じでも少しずつ違うようなもの」と説いているのだ。映画の映写機からでた光線は一つでも、それを映すものが「絹」と「荒壁」では「うつり方」が異なることを引き合いに出しているのである。

私はこの「うつり方」の違いは「霊格」の差によるものでもあると考えている。同じ日本人でも霊格が高い者は「肌の細かい絹」に相当し、またそれほど霊格が高くない者は「荒壁」に相当すると考えれば分かり易いのではないか。

何れにしろ、百人居れば百通りの個性と霊格があり、しかもその現われ方は時と所によって異なるのであるから、「違ってうつるのがマコトであるぞ、同じ数でも123と一二三は違うのであるぞ」ということが神理なのである。

既に何度も述べて来たが、「違い」があるからしっかりと「和する（結ばれる）」ことが出来るのであり、そこに調和された多様性が顕現することになる。

第二十帖

今の学者には今の学しかわからん、それでは今度の岩戸開きの役には立たん、三千世界の岩戸開きであるから、少しでもフトマニに違ってはならんぞ。廻りくどいようなれど、とつぎの道から改めなされよ、出舟の港は夫婦からぢゃと申してあろう、ミトノマグワイでなければ正しき秩序は生まれんぞ、素盞鳴命《スサナルノミコト》が荒ぶる神、悪神ではなく、人民の罪を背負って下さる救い主の大神であることがわからねば、岩戸は開けんぞ。新しき世界の宮は土地であるぞ、住居《すまい》であるぞ、永遠に在《おわ》す神は住む土地であるぞ、下には永遠の腕があるぞ。

〈考察〉

本帖は第五巻「極め之巻」に収録された最後の帖である。含まれるテーマは四つあるが、短い文章に多くの意味が込められているため、かなり難解である。一読してサッと理解出来るものではないが、解読に挑戦して行こう。以下、テーマ順に見て行く。

●「岩戸開き」は少しでも「フトマニ」に違ってはならん

まず「**今の学者には今の学しかわからん、それでは今度の岩戸開きの役には立たん、三千世界の岩戸開きであるから、少しでもフトマニに違ってはならんぞ**」とある部分であるが、ここでは「三千世界の岩戸開きであるから、少しでもフトマニに違ってはならん」が主テーマである。

時間と空間の絶対的な支配下にある物質科学が「今の学」であり、それしか分からない「今の学者」に「フトマニ」など理解出来る訳もなく、そんな智と学では「岩戸開きの役には立たん（＝理解不能）」と述べているのだ。

ここまでは一般論として理解出来るが、問題は「フトマニ」である。「フトマニ」が分からなければ真に分かったことにはならないからだ。実は「フトマニ」については既に見て来ているが、覚えておられるだろうか？　五十黙示録第二巻「碧玉《あおたま》之巻」第十八帖の考察で詳細に述べている。

よってここでは、当該帖の考察文から関連部分を再掲する形で説明したい。復習を兼ねてよくお読み頂きたい。

〈第二巻「碧玉之巻《あおたま》」第十八帖の考察文から抜粋引用〉

すべてが太神の中での動きであるから、喜びが法則となり秩序となって統一されていくのであるぞ、それをフトマニと申すのぞ、太神の歓喜から生まれたものであるが、太神もその法則、秩序、統一性を破ることは出来ない大宇宙の鉄則であるぞ、鉄則であるが、無限角度をもつ球であるから、如何《いか》ようにも変化して誤らない、摩邇《マニ》の珠《たま》とも申すのであるぞ。その鉄則は第一段階から第二段階に、第二段階から第三段階にと、絶えず完成から超完成に向かって弥栄するのであるぞ。弥栄すればこそ、呼吸し、脈搏《みゃくはく》し、進展して止《や》まないのであるぞ。

（五十黙示録第二巻「碧玉之巻《あおたま》」第十八帖）

右の神示は一貫していて「フトマニ」について説いたものである。
神とは何か？　三千世界とは何か？　これらは何処へ向かうのか？　などといった根本概念を明確に示したものだ。

「フトマニ」の「フト」は一般には「太」の漢字が当てられ、「大きな、立派な、神聖な」などの意味をもつ美称である。よってフトマニを直訳すれば「立派な（神聖な）マニ」ということになる。ちなみに神道の祝詞も「太祝詞（ふとのりと）」と呼ばれることがある。また本帖では**「太神**（ふとがみ）」という言葉が使われているが、この「太」も美称であり、本帖では「世の元の大神様」を意味している。

「マニ（摩邇）」の辞書的な意味は、「宝石、宝玉」或いは「如意宝珠」などと示されているが、本帖で意味的に適合するのは「如意宝珠」である。「如意宝珠」とは「仏教において霊験を表すとされる宝の珠のことで、意のままに願いをかなえる宝」とされている。

つまり「フトマニ」とは、太神が「意のままに三千世界を創造する」ことが直接的な意味であるが、「意のままに」とは「好き勝手に」ということではなく、根底にあるのは**「太神の歓喜」**であることに注意しなければならない。

この「歓喜」を具体的に体現すれば**「すべてが太神の中での動きであるから、喜びが法則となり秩序となって統一されていく」**ということになるのだ。日月神示には、随所に「神は歓喜である」という表現が登場するが、その大元は「太神の歓喜」つまり「フトマニ」なのである。

次に、「フトマニ」には幾つかの極めて重要な法則があり、本帖ではこれを「**大宇宙の鉄則**」と呼んでいる。その鉄則を要約すると次の三つになる。

◎太神もその法則、秩序、統一性を破ることは出来ない。
◎無限角度をもつ球であって、如何《いか》ようにも変化して誤らない。
◎絶えず完成から超完成に向かって弥栄する、呼吸し、脈搏《みゃくはく》し、進展して止《や》まない。

このように太神の大歓喜とは、どこか一定のレベルで止まるものではなく、常に完成から超完成に向かって永遠に進むダイナミズムを有しているのであるが、これは第十五帖の考察でも採り上げた第十七巻「地震の巻」第十五帖と全く同じ意味なのである。

このことは重要なので重複を厭わず再掲しておこう。よく味わって頂きたい。

平衡より大平衡に、大平衡より超平衡に、超平衡より超大平衡にと進み行くことを弥栄と言うのである。（中略）善、真なき悪、偽はなく、悪、偽なき善、真はあり得ない。神は善・真・悪・偽であるが、その新しき平衡が新しき神を生む。新しき神は、常に神の中に孕み、神の中に生れ、神の中に育てられつつある。始めなき始めより、終わりなき終わりに至る大歓喜の栄ゆる姿がそれである。

（第十七巻「地震の巻」第十五帖）

〈引用ここまで〉

以上が、「フトマニ」に関する私なりの解釈である。「三千世界の岩戸開き」が「少しでもフトマニに違ってならん」ことがお分かりになられたと思う。

同時に「今の学しかわからん学者」が理解出来る内容でないことも首肯されたであろう。純粋な信仰心を持っている一般人の方がよほどよく理解出来るというものだ。

●「とつぎの道、出舟の港は夫婦から、ミトノマグワイ」に秘められた神意

では次のテーマに移る。今度は「廻りくどいようなれど、とつぎの道から改めなされよ、出舟の港は夫婦からぢゃと申してあろう、ミトノマグワイでなければ正しき秩序は生まれんぞ」の部分である。

この部分の読み方で大事なことは、最後に「正しき秩序が生まれんぞ」とあるように、「何か」が正しくなければ「正しい秩序も生まれない」ため、「何かを正せ」と捉えることである。

その「何か」を表しているのが、「とつぎの道」、「（出舟の港としての）夫婦」、そして「ミトノマグワイ」の三つのキーワードである。従って、ここから正しい「何か」を導き出せばよいことになる。

「とつぎ」の意味が分かり難いかもしれないが、これは「嫁《とつ》ぐ」の連用形、またはそれが名詞化したものである。「とつぎの道」とあるから、ここでは名詞として使われている。語源の「嫁ぐ」は、一般には「嫁に行く」という意味であるが、この他に「男女が交合（交接、性交）する」という意味もある。そして本帖では明らかに後者（交合、交接、性交）が該当する。

さてそうなると、「夫婦」が登場し、さらに「とつぎ（交合、交接、性交）」と、これとおなじ意味の「ミトノマグワイ」が登場しているから、「何か」とは「性」に関することではないか？　との連想が働くはずだ。

このことから、多くの者は「夫婦（男女）の性の乱れを正す」ことが、「何か」ではないか？と思われるに違いない。ズバリ申せば「浮気、不倫をしない（してはならない）」という解釈になるということだ。

確かに戦後から現代まで、日本でも「性の乱れ」は目を覆うばかりであるから、解釈としてはそれなりに説得力があるように思う。

私もこのことを否定するものではないが、しかしこれだと全体の意味が「夫婦（男女）が浮気や不倫をしなければ正しい秩序が生まれる」ということになって、些《いささ》か次元の低い話になってしまう。

また浮気や不倫がなければ、家庭不和や別居、或いは離婚などの社会問題は減少するかも知れないが、しかしこれによって「正しい秩序」が確立すると言うのであれば、日月神示の他の巻（帖）でも同じ趣旨のことが複数降ろされていて然るべきだが、私自身そのようなものの存在は知らない。

人民にとって最も重要な「身魂磨き」については、類似表現も含めてうんざりするほど神示のあちこちに登場しているが、「性の乱れ（浮気、不倫）」についてはほとんど記述が見られないのである。

このようなことから、「性の乱れを正す」説ではどうもピンと来ないし、解釈としても全く物足りない。もっと深い意味があるはずなのだ。

色々考えていた所、直観的に閃いたことがある。それは「ミトノマグワイ」に秘められた神意である。「ミトノマグワイ」とは前述の通り「交合、交接、性交」のことだが、そもそもこれは古事記の中で「イザナギ神」と「イザナミ神」が最初に「国生み」をする時に行った行為を指している言葉である。

そこで古事記（上）を見ると、次のようにある。

ここに伊邪那岐命詔《の》りたまはく、「然らば吾と汝とこの天の御柱を行き廻《めぐ》り逢ひて、みとのまぐはひせむ」とのりたまひき。

この情景は「国生み」の有名な場面であるから読者の誰もがご存じだと思うが、私はここで、最初に生まれたのが「ヒルコ」と「アワシマ」だったことを思い出した瞬間、神意に辿り着いたとの直観を得たのである。

少し長くなるが、ここで「国生み」について振り返って見なければならないので、暫《しば》らくお付き合い頂きたい。

「古事記」によれば、「ヒルコ」と「アワシマ」はイザナギ神とイザナミ神が最初に「ミトノマグワイ」をした時に生まれた御子であるが、この二人は「出来損ない」或いは「失敗作」であったため、「子」の数には含まれないとされている。

「ヒルコ」と「アワシマ」がなぜ「失敗作」なのかと言えば、ナギ・ナミ二神が「天の御柱」を廻って反対側で会った時、女神であるイザナミが男神であるイザナギに最初に声を掛けたためである。

最初に声を掛けるのは、男神であるイザナギでなければならなかったということである。

このことに気付いたナギ・ナミ二神は、やり方を改めて再び「ミトノマグワイ」をして、今度は正常な「国生み」をすることになる。

「古事記」では一応このように説明されているが、この話が真に意味するところは何であろうか？　女神が先に声を掛けることによって生まれた子が、何故「失敗作」になるのだろうか？

私が得た直観による答えは、「主」と「従」の関係性が逆になっている、ということである。

つまり男神であるイザナギが「主」であり、女神であるイザナミは「従」の関係であるにも関わらず、「従」であるイザナミが先に声を掛けたのが間違いだったということなのである。
この関係は神文字「⦿」の関係そのものであり、男（男性原理、陽、霊）が「丶」であり「主」である。対する女（女性原理、陰、体）は当然「従」の位である。

つまり、本来であれば「主」である男（イザナギ）が先に声を掛けなければならなかったのであるが、それをイザナミが引っ繰り返したために、失敗作の「ヒルコ」と「アワシマ」が生まれたということである。

お分かりだろうか？　これが意味するのは「霊主体従」の原則に反して、正反対の「体主霊従」になったための「失敗作」であった、ということなのだ。

このように「ミトノマグワイ」に込められた意味には、「霊主体従によるミトノマグワイ」と「体主霊従によるミトノマグワイ」の二つがあるのだ。勿論、「正しい秩序」になるためには、「霊主体従によるミトノマグワイ」が必要であることは論を俟《ま》たない。

ここが理解出来れば、本帖に示されたキーワード群は次のように解釈されるのである。

○とつぎの道から改める　→　体主霊従から霊主体従の「とつぎ」に改める

○出舟の港は夫婦から　↓　霊主体従の男女が結ばれて本物の夫婦となる
○ミトノマガワイでなければ正しき秩序は生まれんぞ
　↓　霊主体従のミトノマガワイによって正しい秩序が生まれる

ご覧のように、三つのキーワード群が意味することは「霊主体従」に帰結するのである。よって私が直観的に得た「何か」とは、「霊主体従になること」である。「浮気・不倫をしない」などという低次元の話ではないのである。そのようなものは「霊主体従」へと深化する段階で自然と解決されるものである。

以上の説明を補強するものとして、もう一つ次の神示を挙げておこう。

今度の岩戸開きには蛭子《ひるこ》生むでないぞ。淡島《あわしま》生むでないぞ。

（補巻「月光の巻」第二帖）

ご覧のように非常に短い帖文であるが、これだけを読んでも意味はよく分からないであろう。

しかし、ここまで述べて来た私の解釈をベースにすれば、その意味は明らかである。

「今度の岩戸開き」において「**蛭子《ひるこ》と淡島《あわしま》を生むでないぞ**」とは、端的には「ヒルコ」と「アワシマ」のような失敗作を生んではならんぞ、と言うことだが、要するにその肝《きも》は「体主霊従のままでは岩戸が開けんぞ」ということなのである。

●素盞鳴《スサナルノミコト》命の本性

三つ目のテーマは「**素盞鳴《スサナルノミコト》命が荒ぶる神、悪神ではなく、人民の罪を背負って下さる救い主の大神であることがわからねば、岩戸は開けんぞ**」に関することである(以下、素盞鳴《スサナルノミコト》命を「スサナル」と略記する)。

これについては、私の既刊解説書で詳述しているが、スサナルは記紀神話のスサノオのような荒ぶる粗暴な神ではなく、ましてや悪神でもなく、「人民の罪を背負って下さる救い主の大神」であることをしっかりと認識しなければならない。

スサナルの神格に関する神示はこれ以外にも複数降ろされているので、代表的なものを2例挙げておこう。

世の元と申すものは火であるぞ、水であるぞ。くも出てクニとなったぞ。出雲とはこの地《くに》のことぞ。スサナルの神はこの世の大神ぞ。（中略）クニの神様はスサナルの神様ぞ。

（第六巻「日月の巻」第二十八帖）

素盞鳴《すさなるの》大神様、罪穢れ祓いて隠れてござるのざぞ。結構な尊い神様の御働きで、何不自由なく暮らしておりながら、その神様あることさえ知らぬ臣民ばかり。これでこの世が治まると思うてか。

（第六巻「日月の巻」第三十七帖）

このようにスサナルは「**救い主の大神**」であり「**この世（地《くに》）の大神**」であり、「**罪穢れを祓う結構な尊い大神**」だと明記されている。要するに地上世界の「主宰神」であり「守護神」であるということだ。

●新しき世界の宮は土地であるとは？

最後のテーマとなるのは、「**新しき世界の宮は土地であるぞ、住居《すまい》であるぞ、永遠に在《おわ》す神は住む土地であるぞ、下には永遠の腕があるぞ**」である。この帖文は正直に言って難解である。

他の巻（帖）でもこの帖文と類似するものは見たことがない。

よって推論していくしかないが、まず本帖に込められた四つのテーマのうち、ここまで見て来た三つのテーマは「岩戸開き」と「新しき秩序」に関するものであったから、来るべき新世界すなわち「ミロクの世」を念頭に置いていることは間違いない。

するとこの帖文にある「新しき世界」も「ミロクの世」を指していることは明らかであるから、「新しき世界の宮」とは「てんし様の宮殿」を意味していると考えることが出来るであろう（「宮」とは皇居、宮殿、神社等を意味している）。

ただ「（新しき世界の宮は）土地であるぞ、住居《すまい》であるぞ」とは何とも奇妙な表現である。文字通り採れば、「てんし様」が在《おわ》す宮殿は「土地」であり「住居」であるということになるので、ここに「土地」＝「住居」という不思議な関係性が登場することになる。

どうもここには「謎掛け」があるようだ。つまり「てんし様」の宮殿（住居）がある所が「土地」とだけ示されているので、その「土地」が何であるか（或いは何処にあるか）を考えて見よ、という謎掛けだと思われるのだ。

実際にこのように考えれば、謎掛けの答えは直ぐに明らかになるのである。その答えは読者にも見当が付いているのではないだろうか？

答えは「**富士**」である。と言うより「富士」しかない。何故なら「ミロクの世」における「てんし様」の宮殿は「富士」に建立されることが神仕組だからである。その証拠となる神示を次に挙げておこう。

富士は晴れたり日本晴れ、富士に御社《みやしろ》してこの世治めるぞ。

（第四巻「天つ巻」第一帖）

富士の御山《おん》に腰掛けて、この方世界中護《まも》るぞ。

（第四巻「天つ巻」第八帖）

富士は晴れたり日本晴れ、てんし様が富士から世界中に稜威《みいづ》される時近づいたぞ。富士はヒの山、日の本の山で、汚してならん御山ざから、人民登れんようになるぞ

（第五巻「地つ巻」第三十六帖）

「てんし様」と「富士」の関連を示す神示を3例示したが、ご覧の通り「**富士に御社《みやしろ》して治める**」、「**富士の御山《おん》に腰掛けて護《まも》る**」、「**てんし様が富士から世界中に陵威《みいづ》される**」とハッキリ示されている。

以上のことから「新しき世界の宮は土地であるぞ、住居《すまい》であるぞ、永遠に在《おわ》す神は住む土地であるぞ」を私なりに意訳すると、「ミロクの世の宮殿は富士に出来るぞ、てんし様の御住居《おすまい》であるぞ、永遠の神であるてんし様は富士にお住まいになるのであるぞ」のようになる。

読者はどのように思われるだろうか？

最後の帖文は「**下には永遠の腕があるぞ**」だが、これは普通に考えても意味が採れないので、ここにも謎掛けが仕組まれていると見るべきだろう。

まず「下には」は前の文章を受けているから「土地の下には」ということであり、「富士の下には」という意味になる。「永遠の腕」が最大の難問だが、富士が「ミロクの世」最高の霊峰であって、永遠の存在であられる「てんし様」の宮殿が置かれることを考えれば、その「永遠性を守る腕」と解釈出来るように思われる。

「腕」は何かを成し遂げるために使うものであるから、ここは「世の元の大神様の神力が発現しててんし様（とその宮殿）を永遠に守護する」のような謎解きになると思うのだが如何であろうか？

　或いは「富士は火の山」であることから、富士の下にある「火（マグマ）」のことを「永遠の腕」と捉えることも可能であろう。神文字「⦿」において「火」は「ゝ」であるから、富士はそのものズバリ、自らの下（中）に火（ゝ）を有していることになり、これを「永遠の腕」と表現しているのかも知れない。

〈第五巻「極《きわ》め之巻」了〉

【第五巻「極《きわ》め之巻」あとがき】

〈補巻「月光の巻」との共通性〉

五十黙示録第五巻「極《きわ》め之巻」の大きな特徴の一つは、降ろされている内容が補巻「月光の巻」と共通するものが非常に多いということである。具体的には「極め之巻」全体で、第四帖、第五帖、第十二帖、第十四帖、第十五帖そして第十六帖と、何と六つの帖において「月光の巻」とほとんど同じ内容が降ろされている。

また同じ内容が多く含まれている割には、両者が降ろされた時期は2年ほどしか空いていないことも大きな特徴である。「月光の巻」の方が早く、昭和33年12月から昭和34年3月にかけて降ろされているが、一方の「極《きわ》め之巻」は昭和36年8月である。「極め之巻」が2年ほど遅く降ろされている。

これまで何度も説明して来たが、補巻「月光の巻」は大部分が岡本天明に宛てた個人的な神示と言うことが出来る。何故なら、この巻に示されている「そなた」とは天明自身のことに他ならないからだ。「そなた」は「月光の巻」に100回近くも登場しているのである。

このように内容も表現もほとんど同じものが、2年ほどの期間内に二つの巻に降ろされ、しかもそれが岡本天明の「身魂磨き」に深く関わるものであることは特筆に値する。ここで「極め之巻」の中に降ろされている「身魂磨き」に関わる要点を一括して、箇条的に纏めて見よう。次のようになる。

・そなたの神を一応捨てて心の洗濯をせよ
・つまらん霊界との縁《えにし》を絶て
・因縁の身魂の役割は「何でも屋」ではない（天明は神示うつす役、書く御役）
・そなたの持つ悪いクセを直せ、それが神業である
・聞く耳を持たないならば、思うようにやって地獄に落ちて学ぶことも薬になる
・正しくない者が正しい方に従うべきというのはマコトのない平面的思考である
・無抵抗は平和の元にあらず、心に打たれるようなものを持っているから打たれる
・神の恵みは水のように低きに流れる。頭を下げて低くせよ

右の中から「そなたの持つ悪いクセを直せ、それが神業」（第十二帖）を例に取ると、これは神が「そなた（＝岡本天明）の悪いクセ」を指摘して、それを是正するように指導しているのであるが、これとほとんど同じ内容が補巻「月光の巻」にも降ろされているということである（時系列で見れば「月光の巻」の方が早く降ろされている）。

つまり天明は「月光の巻」において神から「悪いクセを直せ」と指摘指導されているが、それから2年後に降ろされた「極め之巻」でも全く同じことを指摘指導されているのである。この時点では、天明がまだ「悪いクセ」を直していなかったことになる。

このように「極め之巻」にはまるで天明個人に宛てたような神示が含まれているが、しかし一方では、神示としての五十黙示録の位置付けを考えれば、天明だけに宛てた神示を降ろすことはあってはならないのである。

何故なら、五十黙示録は日月神示の「正規の巻」であり、日月神示の「根幹」となる重要なものであって、神と人の両方に与えたものだと明記されているからだ（詳しくは第四巻「龍《りゅう》音《おん》之巻」第一帖参照）。岡本天明個人のために降ろされたものではないのである。

するとここから見えて来るのは、先の例に挙げた「そなたのクセを直せ」は天明個人にも当てはまるが、それ以上に広く「人民」に宛てて降ろしたものだと解釈しなければならないということだ。つまり神が指摘指導した天明の「悪いクセ」は、大なり小なり、ほとんど全ての人民に当てはまることになる。この意味で天明は人民の代表選手のように扱われていると言えよう。

ちなみに第十二帖で天明の「悪いクセ」として登場しているのは、本文でも述べたように次のものであるが、読者の誰もが同じような傾向（クセ）を持っているのではないだろうか？　私にはよく当て嵌《は》まるものばかりである。

・口先ばかり
・その場限り
・心と行が伴っていない
・大言壮語（自分で世界を立て直すような物言い）

ここで一点注意してもらいたいのは、「悪い〝クセ〟」と示されていることである。法律に触れるような「悪いコト」ではなくあくまで個人の「クセ」なのである。クセはクセに過ぎず、少しくらい悪いクセであってもそれによって非難されたり、ましてや逮捕されたりするものではないから、それが自分の「メグリ」の原因となっていることには中々気が付かないものである。

神は天明を人民の代表として扱い、天明の「悪いクセ」を指摘することによって、広く我々人民の「悪いクセ」が新たな「メグリ」をつくることを教えようとしているのだと思われる。

以上、天明を人民の代表者とする「悪いクセ（を直せ）」（第十二帖）について述べたが、他の帖に示されている要素についても同様に捉えればよいだろう。

ここから分かることは「五十黙示録」は深遠な神理や神仕組だけを降ろしているのではなく、広く（神と）人民に共通する「メグリ」とその原因を指摘し、「身魂磨き」の深化を促そうとする意図がある、ということだ。確かに、いくら神理や神仕組の奥義を降ろしたところで、人民が自らの「身魂」を磨かなければ「岩戸」が開くことはないから、何の意味もないことになる。

〈「外国の方から早う改心するぞ」に込められた神意──第七帖関連〉

次に、第七帖に示されている「**外国の方から早う改心するぞ**」について補足しておきたい。この帖文の意味を素直に考えれば「日本（人）より外国（人）の方が早く改心する（＝身魂磨きが深化する）」となるが、神仕組に照らしてこの解釈がおかしいことは、本誌の読者なら直ぐにお分かりだろう。

日月神示の神仕組では「**日本人がよくならなければ世界の誰もよくならない**」のであるから、「日本（人）よりも外国（人）が早く改心する」のは、順序としては真逆なのである。しかもそれにも拘らず、「外国が早く改心する」と示されているピースはもう一つあるのだ。次のものである。

外国から早くわかりて、外国にこの方祀ると申す臣民、沢山出来るようになって来るぞ。

（第二巻「富士の巻」第二十五帖）

このピースもハッキリと「**外国から早くわかりて**」と示されているので、一見すると「わかる順序」が逆であるように思われる。本帖（第七帖）と同じ書き方である。

これについて私は、「外国に住んでいる（霊的な）日本人の方が、日本に住んでいる（霊的な）日本人より早くわかる（＝身魂磨きが深化する）」と捉えている。日本という国の中にどっぷり浸かっている日本人よりも、日本の外から世界と日本を見ている日本人の方が霊的な学びは早いと思われるからだ。実際、私もそのような人を存じ上げている。

ただし以上のことは、日本と外国をあくまで「地理的」な概念で分けて考えた場合の話である。

これに対して「極《きわ》め之巻」第七帖では「**外（幽）国人とは逆の世界の人民のことであるぞ**」と示されていて、「外（幽）国人」とは前述のような「地理的」な区分の外国に住む者ではなく、「霊的な意味」で「逆の世界」に住む人民であると示されている。「幽」の字を当てているのもこれ故《ゆえ》であろう。

つまり今の地上世界から見て「逆の世界」のことを「外国」と称し、そこに住む者を「外（幽）国人」と称していることが分かるのである。そしてこれが結局「世に出ていた神（今の地上世界の主宰神）」と「世に落ちていた神（逆の世界の神）」との関係性に行き着くことになり、「外（幽）国人」とは「世に落ちていた民（霊的な日本人）」のことだと気付くことが出来たのである。

このように解釈すれば「外国の方から早う改心するぞ、外（幽）国人とは逆の世界の人民のことであるぞ」の謎も矛盾なく説明することが出来る。


日月神示には「外国、外国人」という言葉（表現）がかなり多く登場するが、今回これについては二通りの意味があることが明らかになった。一つは「神国日本（と真の日本人）」に対して「外国（と外国人）」のように用いる場合で、これが最も多いケースである。

そしてもう一つは、「体主霊従」に堕ちている今の地上世界とは「逆の世界（とその民）」という意味で「外国、外（幽）国人」と呼ぶ場合である。

同じ「外国、外国人」でもその意味は反対になることがあるので、神示を読む場合はよくよく注意しなければならない。このことは私も今回気付いたことであり、大きな収穫であった。

日月神示は本当に「逆説」に満ちている。


〈「予言」という「鬼に囚われる」者たち――第十一帖関連〉

第十一帖では「**神示の伝達は学、智、理の鬼に囚われてはならない**」という趣旨のことが述べられていた。ここで「鬼に囚われる」とは日月神示を自分流に強引に解釈し、しかもその思い込みが極めて強い（当然、他の解釈を認めない）ことの比喩であると説いたが、私はこのことの典型例の一つが、「日月神示＝予言書」という捉え方であると思っている。

現在の日本では日月神示に興味を持つ者の数はかなり多いと思うが、インターネット検索をして見ると、ほとんどの者が日月神示は「予言書」であると思い込んで（或いは決め付けて）いるように見受けられる。

従って、このような者たちがネット上に書き込む日月神示解釈や解説は、「いつ、何処で、何が起こるのか？」だけに焦点を当ててしまい、その結果、摩訶不思議な「予言年表」のようなものなどが出回ることになるのである。

私はこれまで何度も注意を喚起して来たが、日月神示は「予言書」ではない。国祖様（国常立大神）が降ろしたものであるから、それは「神の言葉」である。「神の言葉」が日月神示であるからそれは「預言書」であり、もっと言えば「ミロクの世」へ至る仕組とそのプロセスを述べた「神仕組の書」なのである。

ただしコトの性質上、どうしてもこれから先の未来がどの様になって行くか？　という大筋の流れが書かれていることから、「予言」的な要素がないとは言わないが、そのことばかりに意識が向いてしまったのでは、人間として最も大事な「身魂磨き」には無関心になってしまうことになる。

私はこのような状況（現象）もまた第十一帖が示す「鬼に囚われる」ことであるに違いないと思っているが、正に本末転倒である。

〈天明たちが解釈による「世界の片端浜辺《かたはしはまべ》」とは？――第十六帖関連〉

次に第十六帖に登場した「**世界の片端《かたはし》、浜辺からいよいよが起こって来たぞ**」について補足しておきたい。本文でも述べたように、この解釈は「これで決まり」と言えるような決定的な材料がなく、当然、解釈には幅が出るのは避けられない。

逆に言えば一つの事象ではなく、複数の「何か」が起こると考えることも可能だと言うことだ。何れにしろ、その共通項は「神仕組上、重大なこと」であるのは確かなことである。

ところで、実は岡本天明たちがこの「世界の片端浜辺《かたはしはまべ》」について解釈した興味深い事例があるので紹介しておきたい。天明たちが解釈したのは第十七帖の考察に登場した三つの帖文の中の「1」にあたるものである。念のため再掲しておこう。

世界の片端浜辺《かたはしはまべ》から愈々《いよいよ》が始まると知らしてあること近うなりたぞ

（第八巻「磐戸の巻」第十三帖、昭和20年1月13日）

右の帖文は現代の日月神示全訳本に載っている文章であるが、実は天明たちの当初の訳文（第一訳）は次のようなものであったのである。

第一訳：「世界のカタはずれ三八まえからいよいよが起こる」

天明たちは「**世界のカタ**」を日本、「**はずれ**」を戦後日本から独立した（はずれた）朝鮮半島とし、また「**三八まえ**」を「（北緯）三八度線の前」と解釈した。この「三八度線」とは、天明の時代に起こった「朝鮮戦争」の休戦ラインが北緯三八度に沿ったラインであることを指している。

そこで「**いよいよが起こる**」とは、当時のアメリカとソ連が競って開発していた核兵器「水爆（水素爆弾）」が北緯三八度線の前（韓国側？）で炸裂し、これが引き金となって世界最終戦争が勃発することだと解釈したのである。

朝鮮戦争は韓国と北朝鮮の戦争であるが、その背後にはアメリカとソ連・中国の対立構造があって、事実上、東西の「代理戦争」であったから、天明たちが右に述べたように解釈したことは十分頷けるものだ。とは言え、彼らの解釈は鋭い洞察に基づいたものではあったが、結果として外れたことは歴然としている。

ちなみに、朝鮮戦争は現在に至るも「休戦」状態のままであり、「終戦」にはなっていない。

なおこの情報の元ネタは「天明選集『予言と霊界』（昭和28年度版）」であり、『日月神示が語る今この時』（ヒカルランド）の巻末に資料として収録されていることを付記しておく。当時の天明たちは日月神示を「予言」と捉えて、その解釈に大きなエネルギーを注いでいたことが窺われ、非常に興味深いものがある。

〈「続き物」となっている帖がある――第十六・十七帖、第十八・十九帖〉

「極《きわ》め之巻」で特徴的なことの一つは、順番が連続している二つの帖の内容が「続き物」になっていることである。この場合、一つの帖だけではそこに込められた神理や神仕組がよく分からなくても、二つ並べると全体が見えるような関係になっているのである。

その例として、まず第十六帖と第十七帖を確認しておこう。両方の関連する帖文を再掲するのでよくご覧頂きたい。

世界の片端《かたはし》、浜辺からいよいよが起こって来たぞ。夜明け近づいたぞ。
（「極《きわ》め之巻」第十六帖）

今までの逃《のが》れ場所は山であったが、今度は山に逃げても駄目、神の御旨《みむね》の中であるぞ、山に移りて海に入れよと申してあろう、今度のことぞ。
（同巻第十七帖）

第十六帖だけを見た場合、「**世界の片端《かたはし》、浜辺からいよいよが起こって来たぞ**」とあるから、何が起こるかを考えた場合「大津波」が候補に入ることは当然であるが、この帖文だけでは大津波に限定することは出来ない。

しかしこの後に続く第十七帖では「**今までの逃《のが》れ場所は山であったが、今度は山に逃げても駄目**」とか「**山に移りて海に入れよ**」などとあることから、やはりこれは大津波のことであり、しかも非難した山をも飲み込むような超巨大津波である可能性が最も高いことになる。

そうなると、やはりこれは「立て替えの大峠」の第二段階「超天変地異」の様相の一つと見るべきであろうと思われるのである。

さらに「続き物」の例は第十八帖を第十九帖にも見られるので、関連する帖文（ピース）を見てみよう。

> 天界での出来事は必ず地上に写りて来るのであるが、それを受け入れる、その時の地上の状態によって、早くもなれば遅くもなり、時によっては順序も違うのであるぞ
>
> （「極《きわ》め之巻」第十八帖）

> 天人天使の行為が、人民に写るのであるなれど、人民の自由、能力の範囲における行為はまた逆に、天界に反映するのであるぞ

（同巻第十九帖）

第十八帖では「**天界の出来事は必ず地上に写りて来る**」とあるから、これは「天界→地上世界」という流れになる。これに対して第十九帖では「**人民の自由、能力の範囲における行為はまた逆に、天界に反映するのであるぞ**」とあって、こちらは明らかに「地上世界→天界」という流れである。前者を「移写」、後者を「逆写」と呼ぶことは本文で述べた通りである。

このように天界と地上世界の関係は、第十八帖と第十九帖の両方が揃って初めて全体像が見えて来る仕組になっているのである。

日月神示はこのように、連続する二つの帖によって、全体が分かるように降ろされていることがある。これなどは神示のあちこちから関連する帖文やピースを探すよりも、よほど解読や解釈が楽と言えば楽である。

ところで前述した「移写」と「逆写」の関係を見れば、日月神示が単なる「予言書」でないことがハッキリと理解出来ることを説明しておきたい。

そもそも「予言」とは未来のことが全て「決定済み」だという前提に立っている。その未来を決めるのは「神」のような超越者であるから、先に述べた「天界→地上世界」の流れ、つまり「移写」という一方通行のみによって、地上世界の出来事が決定されると捉えなければならない。

このような一方通行の「移写」だけが降ろされているものが「日月神示」であるなら、確かにこれを詳細に解読すれば、正確な「予言年表」のようなものが出来上がるという理屈は成り立つ。そして、このようなことを心底信じて疑わない者が大勢いることも確かなことのようである。

しかし第十九帖にハッキリ示されている「地上世界→天界」への流れ、つまり「逆写」があることを理解すれば、心ある者なら、これまで「移写（一方通行）」しかないと無条件で信じて来たことの愚かさを認識出来るはずである。

しかも「逆写」に影響を与える「人民の自由、能力の範囲における行為」は、「日本人と外国人では天界の写り方が違う」こと、また「同じ日本人でも天界の写り方が違う」ことから、「逆写」の様相も極めて複雑で多様なものになることは容易に理解されるのである。

このような理由からも、日月神示が俗に言う「予言書」などではなく、「預言書」或いは「神仕組の書」であると捉えるべきものなのである。

〈内容が凝縮されている帖は中身が濃い──第二十帖関連〉

五十黙示録が難解であることの理由の一つに「神理や神仕組が短い文章に凝縮されている」というものがある。このことは何度も述べているが、第二十帖はこの傾向が特に顕著なので、ここで少し補足説明しておきたい。

本文でも述べた通り、第二十帖に含まれる主要なテーマは次の4つである。

・岩戸開きとフトマニ
・とつぎの道（出舟の港は夫婦から、ミトノマグワイ）
・素盞鳴命《スサナルノミコト》の本性
・新しき世界の宮は土地

以上の4つのテーマをご覧になれば、それぞれが短い考察文で済むような簡単なものでないことがお分かりだろう。特に「岩戸開き」などは詳しく語ろうとすれば一つの章を割《さ》くほどの内容があるし、他のテーマもその考察文は数ページを要するものばかりである。

つまり「帖文は短いが中身が濃い」ということであり、このことが五十黙示録を難解にしているのである。

故に日月神示を知らない者が第二十帖のような帖文を読んでも、全く理解出来ないことは明白であるし、日月神示の解説書を軽く読んだ程度の初心者にとっても、困難を極めることは容易に想像出来る。

だからこそ五十黙示録の前に、他の巻、特に「基本十二巻」を学ぶべきなのである。このことは何度も強調して来たが、「極《きわ》め之巻」第二十帖はその具体的な例示として格好のものであることから、重複を厭《いと》わず書いている。

読者は「くどい」とか「しつこい」と思うかも知れないが、私は日月神示を研究しその成果を公表する者として、神示を広く深く神意から乖離しないように読者に伝えるために、大事なことは何度でも繰り返して強調することを信念とし、実践していることを表明しておきたい。「一回述べた（書いた）からそれで終わり」のような態度は、私の選択肢にはないのである。

〈第五巻「極《きわ》め之巻」あとがき　了〉

内記正時　ないき まさとき

昭和二十五年生、岩手県出身。祖父、父とも神職の家系にて幼少期を過ごす。昭和四十年、陸上自衛隊に入隊。以来40年間、パイロット等として防人の任にあたる傍ら、50回以上の災害派遣任務を完遂。平成十七年、２等陸佐にて定年退官。

平成三年、日月神示と出合い衝撃を受けるとともに、日本と日本人の使命を直感、妻と共に二人三脚の求道、修道に入る。導かれるままに、百を超える全国の神社・聖地等を巡り、神業に奉仕する。現在は、神職、古神道研究家として、日月神示の研究・研鑽にあたる。

主な著書に『ときあかし版［完訳］日月神示』『奥義編［日月神示］神一厘のすべて』『秘義編［日月神示］神仕組のすべて』（いずれもヒカルランド）などがある。

岡本天明　おかもと てんめい

明治三十年（一八九七）十二月四日、岡山県倉敷市玉島に生まれる。

青年時代は、名古屋新聞、大正日々新聞、東京毎夕新聞などで新聞記者生活を送る。また太平洋画会に学び、昭和十六年（一九四一）、日本俳画院の創設に参加。

米国、南米、イスラエル、東京、大阪、名古屋などで個展を開催。

『俳画講義録』その他の著書があり、昭和二十年（一九四五）頃から日本古神道の研究を始め、『古事記数霊解』及び『霊現交流とサニワ秘伝』などの著書がある。

晩年は三重県菰野《こもの》町鈴鹿山中に居を移し、画家として生活していた。

昭和三十八年（一九六三）四月七日没す。満六十五歳。

岩戸開き ときあかし❺

日月神示の奥義【五十黙示録】第五巻「極め之巻」（全二十帖）

第一刷 2024年4月30日

解説 内記正時
原著 岡本天明

発行人 石井健資
発行所 株式会社ヒカルランド
〒162-0821 東京都新宿区津久戸町3-11 TH1ビル6F
電話 03-6265-0852 ファックス 03-6265-0853
http://www.hikaruland.co.jp info@hikaruland.co.jp
振替 00180-8-496587

本文・カバー・製本 中央精版印刷株式会社
DTP 株式会社キャップス
編集担当 TakeCO

ISBN978-4-86742-245-8

ヒカルランド　近刊予告！

地上の星☆ヒカルランド　銀河より届く愛と叡智の宅配便

岩戸開き　ときあかし❻
日月神示の奥義【五十黙示録】
第六巻「至恩之巻」全十六帖
解説：内記正時
原著：岡本天明
四六ソフト　予価2,300円+税

岩戸開き　ときあかし❼
日月神示の奥義【五十黙示録】
第七巻「五葉之巻」全十六帖
解説：内記正時
原著：岡本天明
四六ソフト　予価2,300円+税

岩戸開き　ときあかし❽
日月神示の奥義【五十黙示録】
五葉之巻補巻「紫金之巻」全十四帖
解説：内記正時
原著：岡本天明
四六ソフト　予価2,300円+税